KB246123

『365일 작은 예수』 말씀 암송집을 통해

성령의 열매를 풍성히 맺으시길 기도하면서

_______________ 님께 드립니다.

365일 작은 예수

Little Jesus

이영훈 엮음

교회성장연구소

작은 예수의 삶은 끊임없는 일상의 훈련으로 이루어집니다.

『365일 작은 예수』 말씀 암송집을 통해 마일 하나님이 주시는 말씀을 읽고 암송하다 보던, 말씀이 여러분의 마음에 심기고, 삶 속에 뿌리내리는 것을 경험하게 될 것입니다.

이 거룩한 습관을 통해 모두가 성령의 열매를 풍성히 맺어 축복의 통로가 되시기를 간절히 기도합니다.

_ 여의도순복음교회 담임목사 이 영 훈

말씀 암송집 활용법

01 아침에 일어나자마자 암송집을 펴고 날짜에 따른 말씀 구절을 소리 내어 3번 읽습니다.

02 말씀 구절을 5분 정도 천천히 묵상하며 성령님의 음성에 귀를 기울입니다.

03 말씀을 따라 순종하는 하루가 되기를 간구하며 결단합니다.

04 영어 공부를 할 경우, 말씀 구절의 모르는 단어를 찾아 외웁니다.

05 암송집을 휴대하고 다니면서 매일 한 구절씩 완전히 암기합니다.

" 매일 거룩한 습관을 통해 예수님을 닮아가는 당신의 모습을 발견하게 될 것입니다. "

tip_ 암기가 어렵더라도 포기하지 말고 반복하며 외우시기 바랍니다. 중간에 못 외운 구절이 있다면 일단 건너뛰고 날짜에 맞춰 암기합니다.

구약 성경의 원어인 히브리어 성경에 나오는 하나님의 이름(출애굽기 3:14)은 모음이 없이 자음 4자(YHWH)로만 되어 있습니다. 이를 오랫동안 하나님의 이름 대신 읽어왔던 '우리 주(아도나이)'의 모음으로 읽은 것이 '여호와'라는 명칭입니다. 구약학자들의 연구에 따르면 원래의 모음을 복원하면 '야훼'에 가깝다고 합니다. 그래서 오늘날 많은 교회에서 '여호와' 대신 '야훼'를 하나님의 이름으로 사용하고 있습니다. 따라서 본 암송집에서는 '여호와'를 '야훼'로 표기했습니다.

* 한글 성경은 개역개정판을 사용했으며, 영어 성경은 New King James Version을 사용했습니다.

contents

Part 1 예수님의 성품

chapter 01 성령의 9가지 열매 ... 14

1월 • 사랑 / 희락 / 화평

2월 • 오래 참음 / 자비와 양선

3월 • 충성 / 온유 / 절제

chapter 02 예수님의 성품을 닮아가는 삶 ... 58

4월 • 그리스도인의 축복된 삶

5월 　사랑과 용서

　　　말씀으로 충만

　　　성령을 구하고 따름

　　　예배와 기도

　　　지혜

　　　열매 맺음

　　• 그리스도인의 축복된 가정생활

6월　• **세 가지 축복**
영적 축복
환경적 축복
육체적 축복

chapter 03　예수님을 따르는 신앙 ... 95
6월　• **성도가 가져야 할 7가지 신앙**
갈보리 십자가의 신앙
오순절 성령충만의 신앙
땅 끝까지 전하는 신앙
좋으신 하나님 신앙
병을 짊어지신 신앙
다시 오실 예수님 신앙
나누어 주는 신앙

contents

Part 2 예수님의 사명

chapter 04 예수 그리스도의 사역 ... IIO

7월 • 가르치시고 전파하시고 치료하심
• 하나님 나라에 관해 가르치심
• 복음 전파를 명하심
• 우리의 죄를 대속하심
• 죽음의 권세를 이기시고 부활하심
• 예수님의 승천과 재림

chapter 05 성령의 사역 ... I27

8월 • 성령에 대한 예언
• 성령의 사역
세례 / 강림 / 충만 / 은사 / 신유

9월 • 성령으로 세워지는 교회
확장되는 복음
환란과 축복
부르짖는 기도
하나님을 전적으로 의지
성령충만
하나 됨
문제를 해결하고 든든히 서감

chapter 06   제자의 사명 ... 157

10월
- 자기 십자가를 지고 그리스도를 따르는 사람
- 그리스도께 합당한 사람
- 믿음의 사람

11월
- 그리스도의 마음을 소유한 사람
- 하나님의 뜻에 순종하는 사람
- 하나님의 능력을 힘입은 사람

chapter 07   오실 그리스도를 기다림 ... 187

12월
- 대강절 및 성탄절 묵상
  예수님에 대한 예언과 탄생
- 예수님 묵상

Part 1

예수님의 성품

chapter 01

성령의 9가지 열매

The fruit of the Spirit

성령의 9가지 열매

1월 1일 _ 신년

일어나라 빛을 발하라 이는 네 빛이 이르렀고 야훼의 영광이 네 위에 임하였음이니라 이사야 60:1

Arise, shine; for your light has come! And the glory of the LORD is risen upon you. Isaiah 60:1

1월 2일

오직 성령의 열매는 사랑과 희락과 화평과 오래 참음과 자비와 양선과 충성과 온유와 절제니 이같은 것을 금지할 법이 없느니라 갈라디아서 5:22-23

But the fruit of the Spirit is love, joy, peace, longsuffering, kindness, goodness, faithfulness, gentleness, self-control. Against such there is no law. Galatians 5:22-23

성령의 9가지 열매_ 사랑

1월 3일

하나님이 세상을 이처럼 사랑하사 독생자를 주셨으니 이는 그를 믿는 자마다 멸망하지 않고 영생을 얻게 하려 하심이라 요한복음 3:16

For God so loved the world that He gave His only begotten Son, that whoever believes in Him should not perish but have everlasting life.
John 3:16

1월 4일

옛적에 야훼께서 나에게 나타나사 내가 영원한 사랑으로 너를 사랑하기에 인자함으로 너를 이끌었다 하였노라 예레미야 31:3

The LORD has appeared of old to me, saying: "Yes, I have loved you with an everlasting love; therefore with lovingkindness I have drawn you."
Jeremiah 31:3

1월 5일

사랑은 여기 있으니 우리가 하나님을 사랑한 것이 아니요 하나님이 우리를 사랑하사 우리 죄를 속하기 위하여 화목 제물로 그 아들을 보내셨음이라

요한1서 4:10

In this is love, not that we loved God, but that He loved us and sent His Son to be the propitiation for our sins. 1 John 4:10

1월 6일

긍휼이 풍성하신 하나님이 우리를 사랑하신 그 큰 사랑을 인하여 허물로 죽은 우리를 그리스도와 함께 살리셨고 (너희는 은혜로 구원을 받은 것이라)

에베소서 2:4-5

But God, who is rich in mercy, because of His great love with which He loved us, even when we were dead in trespasses, made us alive together with Christ (by grace you have been saved). Ephesians 2:4-5

1월 7일

너의 하나님 야훼가 너의 가운데에 계시니 그는 구원을 베푸실 전능자이시라 그가 너로 말미암아 기쁨을 이기지 못하시며 너를 잠잠히 사랑하시며 너로 말미암아 즐거이 부르며 기뻐하시리라 하리라

스바냐 3:17

"The LORD your God in your midst, the Mighty One, will save; He will rejoice over you with gladness, He will quiet you with His love. He will rejoice over you with singing." Zephaniah 3:17

1월 8일

유월절 전에 예수께서 자기가 세상을 떠나 아버지께로 돌아가실 때가 이른 줄 아시고 세상에 있는 자기 사람들을 사랑하시되 끝까지 사랑하시니라

요한복음 13:1

Now before the Feast of the Passover, when Jesus knew that His hour had come that He should depart from this world to the Father, having loved His own who were in the world, He loved them to the end. John 13:1

1월 9일

높음이나 깊음이나 다른 어떤 피조물이라도 우리를 우리 주 그리스도 예수 안에 있는 하나님의 사랑에 서 끊을 수 없으리라 로마서 8:39

Nor height nor depth, nor any other created thing, shall be able to separate us from the love of God which is in Christ Jesus our Lord. Romans 8:39

1월 10일

곧 너를 사랑하시고 복을 주사 너를 번성하게 하시 되 네게 주리라고 네 조상들에게 맹세하신 땅에서 네 소생에게 은혜를 베푸시며 네 토지 소산과 곡식 과 포도주와 기름을 풍성하게 하시고 네 소와 양을 번식하게 하시리니 신명기 7:13

And He will love you and bless you and multiply you; He will also bless the fruit of your womb and the fruit of your land, your grain and your new wine and your oil, the increase of your cattle and the offspring of your flock, in the land of which He swore to your fathers to give you. Deuteronomy 7:13

1월 11일

그런즉 믿음, 소망, 사랑, 이 세 가지는 항상 있을 것인데 그 중의 제일은 사랑이라 고린도전서 13:13

And now abide faith, hope, love, these three; but the greatest of these is love. 1 Corinthians 13:13

1월 12일

아버지께서 나를 사랑하신 것 같이 나도 너희를 사랑하였으니 나의 사랑 안에 거하라 요한복음 15:9

"As the Father loved Me, I also have loved you; abide in My love." John 15:9

1월 13일

나의 계명을 지키는 자라야 나를 사랑하는 자니 나를 사랑하는 자는 내 아버지께 사랑을 받을 것이요 나도 그를 사랑하여 그에게 나를 나타내리라
요한복음 14:21

He who has My commandments and keeps them, it is he who loves Me. And he who loves Me will be loved by My Father, and I will love him and manifest Myself to him. John 14:21

1월 14일

내가 오늘 너희에게 명하는 내 명령을 너희가 만일 청종하고 너희의 하나님 야훼를 사랑하여 마음을 다하고 뜻을 다하여 섬기면 야훼께서 너희의 땅에 이른 비, 늦은 비를 적당한 때에 내리시리니 너희가 곡식과 포도주와 기름을 얻을 것이요 또 가축을 위하여 들에 풀이 나게 하시리니 네가 먹고 배부를 것이라 신명기 11:13-15

'And it shall be that if you earnestly obey My commandments which I command you today, to love the LORD your God and serve Him with all your heart and with all your soul, then I will give you the rain for your land in its season, the early rain and the latter rain, that you may gather in your grain, your new wine, and your oil. And I will send grass in your fields for your livestock, that you may eat and be filled.' Deuteronomy 11:13-15

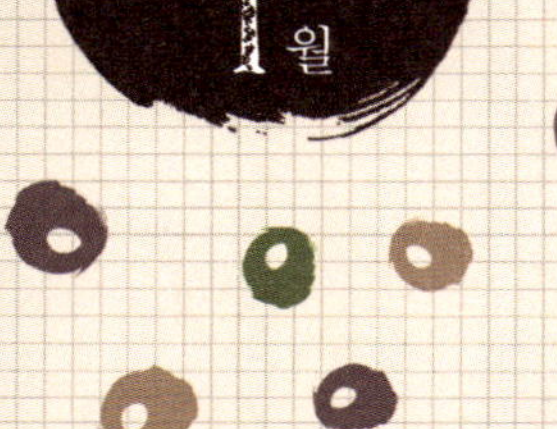

1월 15일

내가 이것을 너희에게 이름은 내 기쁨이 너희 안에 있어 너희 기쁨을 충만하게 하려 함이라

요한복음 15:11

These things I have spoken to you, that My joy may remain in you, and that your joy may be full.

John 15:11

1월 16일

주 안에서 항상 기뻐하라 내가 다시 말하노니 기뻐하라 빌립보서 4:4

Rejoice in the Lord always. Again I will say, rejoice! Philippians 4:4

1월 **17**일

의인들의 장막에는 기쁜 소리, 구원의 소리가 있음
이여 야훼의 오른손이 권능을 베푸시며 시편 118:15

The voice of rejoicing and salvation is in the tents
of the righteous; The right hand of the LORD does
valiantly. Psalm 118:15

1월 **18**일

주께서 내 마음에 두신 기쁨은 그들의 곡식과 새
포도주가 풍성할 때보다 더하니이다 시편 4:7

You have put gladness in my heart, more than in
the season that their grain and wine increased.
Psalm 4:7

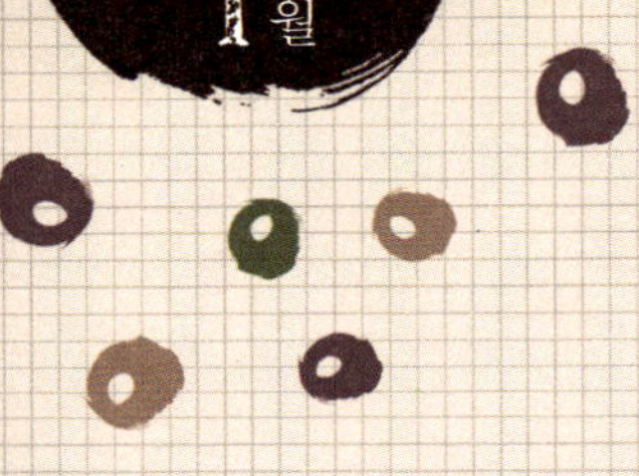

1월 19일

또 야훼를 기뻐하라 그가 네 마음의 소원을 네게
이루어 주시리로다 시편 37:4

Delight yourself also in the LORD, and He shall
give you the desires of your heart. Psalm 37:4

1월 20일

나는 야훼로 말미암아 즐거워하며 나의 구원의 하
나님으로 말미암아 기뻐하리로다 하박국 3:18

Yet I will rejoice in the LORD, I will joy in the
God of my salvation. Habakkuk 3:18

1월 21일

내가 야훼로 말미암아 크게 기뻐하며 내 영혼이 나의 하나님으로 말미암아 즐거워하리니 이는 그가 구원의 옷을 내게 입히시며 공의의 겉옷을 내게 더하심이 신랑이 사모를 쓰며 신부가 자기 보석으로 단장함 같게 하셨음이라 이사야 61:10

I will greatly rejoice in the LORD, My soul shall be joyful in my God; for He has clothed me with the garments of salvation, He has covered me with the robe of righteousness, as a bridegroom decks himself with ornaments, and as a bride adorns herself with her jewels. Isaiah 61:10

1월 22일

지금은 너희가 근심하나 내가 다시 너희를 보리니 너희 마음이 기쁠 것이요 너희 기쁨을 빼앗을 자가 없으리라 요한복음 16:22

Therefore you now have sorrow; but I will see you again and your heart will rejoice, and your joy no one will take from you. John 16:22

성령의 9가지 열매_ 화평

1월 23일

그는 우리의 화평이신지라 둘로 하나를 만드사 원수 된 것 곧 중간에 막힌 담을 자기 육체로 허시고
에베소서 2:14

For He Himself is our peace, who has made both one, and has broken down the middle wall of separation. Ephesians 2:14

1월 24일

그의 십자가의 피로 화평을 이루사 만물 곧 땅에 있는 것들이나 하늘에 있는 것들이 그로 말미암아 자기와 화목하게 되기를 기뻐하심이라 골로새서 1:20

And by Him to reconcile all things to Himself, by Him, whether things on earth or things in heaven, having made peace through the blood of His cross. Colossians 1:20

1월 25일

내가 그들과 화평의 언약을 세워서 영원한 언약이
되게 하고 또 그들을 견고하고 번성하게 하며 내
성소를 그 가운데에 세워서 영원히 이르게 하리니
에스겔 37:26

Moreover I will make a covenant of peace with
them, and it shall be an everlasting covenant with
them; I will establish them and multiply them,
and I will set My sanctuary in their midst
forevermore. Ezekiel 37:26

1월 26일

예수께서 또 이르시되 너희에게 평강이 있을지어다
아버지께서 나를 보내신 것 같이 나도 너희를 보내
노라 요한복음 20:21

So Jesus said to them again, "Peace to you! As the
Father has sent Me, I also send you." John 20:21

1월 27일

입술의 열매를 창조하는 자 야훼가 말하노라 먼 데 있는 자에게든지 가까운 데 있는 자에게든지 평강이 있을지어다 평강이 있을지어다 내가 그를 고치리라 하셨느니라 이사야 57:19

"I create the fruit of the lips: Peace, peace to him who is far off and to him who is near," Says the LORD, "And I will heal him." Isaiah 57:19

1월 28일

화평하게 하는 자들은 화평으로 심어 의의 열매를 거두느니라 야고보서 3:18

Now the fruit of righteousness is sown in peace by those who make peace. James 3:18

1월 29일

화평하게 하는 자는 복이 있나니 그들이 하나님의 아들이라 일컬음을 받을 것임이요 마태복음 5:9

Blessed are the peacemakers, for they shall be called sons of God. Matthew 5:9

1월 30일

그리스도의 평강이 너희 마음을 주장하게 하라 너희는 평강을 위하여 한 몸으로 부르심을 받았나니 너희는 또한 감사하는 자가 되라 골로새서 3:15

And let the peace of God rule in your hearts, to which also you were called in one body; and be thankful. Colossians 3:15

1월 31일

평강의 주께서 친히 때마다 일마다 너희에게 평강을 주시고 주께서 너희 모든 사람과 함께 하시기를 원하노라 데살로니가후서 3:16

Now may the Lord of peace Himself give you peace always in every way. The Lord be with you all. 2 Thessalonians 3:16

성령의 9가지 열매_
오래 참음

2월 1일

내 형제들아 너희가 여러 가지 시험을 당하거든 온전히 기쁘게 여기라 이는 너희 믿음의 시련이 인내를 만들어 내는 줄 너희가 앎이라 인내를 온전히 이루라 이는 너희로 온전하고 구비하여 조금도 부족함이 없게 하려 함이라 야고보서 1:2-4

My brethren, count it all joy when you fall into various trials, knowing that the testing of your faith produces patience. But let patience have its perfect work, that you may be perfect and complete, lacking nothing. James 1:2-4

2월 2일

그러므로 형제들아 주께서 강림하시기까지 길이 참으라 보라 농부가 땅에서 나는 귀한 열매를 바라고 길이 참아 이른 비와 늦은 비를 기다리나니 너희도 길이 참고 마음을 굳건하게 하라 주의 강림이 가까우니라 야고보서 5:7-8

Therefore be patient, brethren, until the coming of the Lord. See how the farmer waits for the precious fruit of the earth, waiting patiently for it until it receives the early and latter rain. You also be patient. Establish your hearts, for the coming of the Lord is at hand. James 5:7-8

2월 3일

죄가 있어 매를 맞고 참으면 무슨 칭찬이 있으리요
그러나 선을 행함으로 고난을 받고 참으면 이는 하
나님 앞에 아름다우니라 베드로전서 2:20

For what credit is it if, when you are beaten for
your faults, you take it patiently? But when you
do good and suffer, if you take it patiently, this is
commendable before God. 1 Peter 2:20

2월 4일

너희에게 인내가 필요함은 너희가 하나님의 뜻을
행한 후에 약속하신 것을 받기 위함이라

히브리서 10:36

For you have need of endurance, so that after you
have done the will of God, you may receive the
promise. Hebrews 10:36

2월 5일

다만 이뿐 아니라 우리가 환난 중에도 즐거워하나니 이는 환난은 인내를, 인내는 연단을, 연단은 소망을 이루는 줄 앎이로다 로마서 5:3-4

And not only that, but we also glory in tribulations, knowing that tribulation produces perseverance; and perseverance, character; and character, hope. Romans 5:3-4

2월 6일

야훼 앞에 잠잠하고 참고 기다리라 자기 길이 형통하며 악한 꾀를 이루는 자 때문에 불평하지 말지어다 진실로 악을 행하는 자들은 끊어질 것이나 야훼를 소망하는 자들은 땅을 차지하리로다 시편 37:7, 9

Rest in the LORD, and wait patiently for Him; do not fret because of him who prospers in his way, because of the man who brings wicked schemes to pass. For evildoers shall be cut off; But those who wait on the LORD, they shall inherit the earth. Psalm 37:7, 9

2월 7일

오래 참으면 관원도 설득할 수 있나니 부드러운 혀는 뼈를 꺾느니라 잠언 25:15

By long forbearance a ruler is persuaded, and a gentle tongue breaks a bone. Proverbs 25:15

2월 8일

일의 끝이 시작보다 낫고 참는 마음이 교만한 마음보다 나으니 전도서 7:8

The end of a thing is better than its beginning; the patient in spirit is better than the proud in spirit. Ecclesiastes 7:8

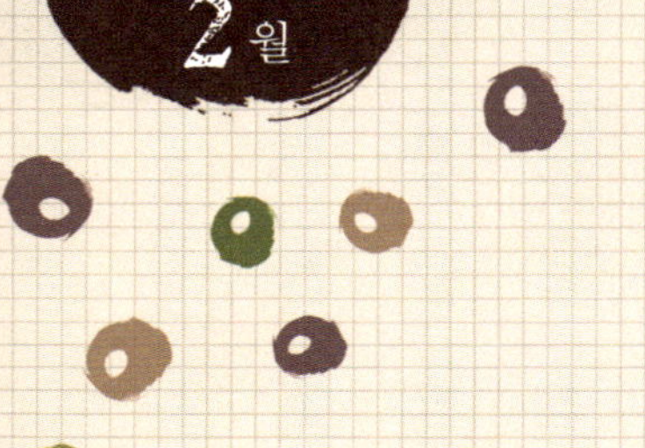

2월 9일

그의 영광의 힘을 따라 모든 능력으로 능하게 하시
며 기쁨으로 모든 견딤과 오래 참음에 이르게 하시
고 우리로 하여금 빛 가운데서 성도의 기업의 부분
을 얻기에 합당하게 하신 아버지께 감사하게 하시
기를 원하노라 골로새서 1:11–12

Strengthened with all might, according to His
glorious power, for all patience and longsuffering
with joy; giving thanks to the Father who has
qualified us to be partakers of the inheritance of
the saints in the light. Colossians 1:11–12

2월 10일

너희의 인내로 너희 영혼을 얻으리라 누가복음 21:19

By your patience possess your souls. Luke 21:19

2월 11일

또 형제들아 너희를 권면하노니 게으른 자들을 권계하며 마음이 약한 자들을 격려하고 힘이 없는 자들을 붙들어 주며 모든 사람에게 오래 참으라

데살로니가전서 5:14

Now we exhort you, brethren, warn those who are unruly, comfort the fainthearted, uphold the weak, be patient with all. 1 Thessalonians 5:14

2월 12일

보라 인내하는 자를 우리가 복되다 하나니 너희가 욥의 인내를 들었고 주께서 주신 결말을 보았거니와 주는 가장 자비하시고 긍휼히 여기시는 이시니라 야고보서 5:11

Indeed we count them blessed who endure. You have heard of the perseverance of Job and seen the end intended by the Lord— that the Lord is very compassionate and merciful. James 5:11

성령의 9가지 열매_
자비와 양선

2월 13일

오직 너희는 원수를 사랑하고 선대하며 아무 것도 바라지 말고 꾸어 주라 그리하면 너희 상이 클 것이요 또 지극히 높으신 이의 아들이 되리니 그는 은혜를 모르는 자와 악한 자에게도 인자하시니라 너희 아버지의 자비로우심 같이 너희도 자비로운 자가 되라 누가복음 6:35–36

But love your enemies, do good, and lend, hoping for nothing in return; and your reward will be great, and you will be sons of the Most High. For He is kind to the unthankful and evil. Therefore be merciful, just as your Father also is merciful. Luke 6:35–36

2월 14일

가난한 자를 불쌍히 여기는 것은 야훼께 꾸어 드리는 것이니 그의 선행을 그에게 갚아 주시리라

잠언 19:17

He who has pity on the poor lends to the LORD, and He will pay back what he has given.

Proverbs 19:17

2월 15일

주라 그리하면 너희에게 줄 것이니 곧 후히 되어 누르고 흔들어 넘치도록 하여 너희에게 안겨 주리라 너희가 헤아리는 그 헤아림으로 너희도 헤아림을 도로 받을 것이니라 누가복음 6:38

"Give, and it will be given to you: good measure, pressed down, shaken together, and running over will be put into your bosom. For with the same measure that you use, it will be measured back to you." Luke 6:38

2월 16일

네 하나님 야훼께서 네게 주신 땅 어느 성읍에서든지 가난한 형제가 너와 함께 거주하거든 그 가난한 형제에게 네 마음을 완악하게 하지 말며 네 손을 움켜 쥐지 말고 신명기 15:7

"If there is among you a poor man of your brethren, within any of the gates in your land which the LORD your God is giving you, you shall not harden your heart nor shut your hand from your poor brother." Deuteronomy 15:7

2월 17일

너희가 짐을 서로 지라 그리하여 그리스도의 법을 성취하라 갈라디아서 6:2

Bear one another's burdens, and so fulfill the law of Christ. Galatians 6:2

2월 18일

긍휼히 여기는 자는 복이 있나니 그들이 긍휼히 여김을 받을 것임이요 마태복음 5:7

Blessed are the merciful, for they shall obtain mercy. Matthew 5:7

2월 19일

누구든지 너희가 그리스도에게 속한 자라 하여 물
한 그릇이라도 주면 내가 진실로 너희에게 이르노
니 그가 결코 상을 잃지 않으리라 마가복음 9:41

For whoever gives you a cup of water to drink in
My name, because you belong to Christ,
assuredly, I say to you, he will by no means lose
his reward. Mark 9:41

2월 20일

즐거워하는 자들과 함께 즐거워하고 우는 자들과
함께 울라 로마서 12:15

Rejoice with those who rejoice, and weep with
those who weep. Romans 12:15

2월 21일

너는 구제할 때에 오른손이 하는 것을 왼손이 모르
게 하여 네 구제함을 은밀하게 하라 은밀한 중에
보시는 너의 아버지께서 갚으시리라 마태복음 6:3-4

That your charitable deed may be in secret; and
your Father who sees in secret will Himself
reward you openly. Matthew 6:3-4

2월 22일 _ 사순절

그가 찔림은 우리의 허물 때문이요 그가 상함은 우리의 죄악 때문이라 그가 징계를 받으므로 우리는 평화를 누리고 그가 채찍에 맞으므로 우리는 나음을 받았도다 이사야 53:5

But He was wounded for our transgressions, He was bruised for our iniquities; the chastisement for our peace was upon Him, and by His stripes we are healed. Isaiah 53:5

2월 23일

주는 선하사 선을 행하시오니 주의 율례들로 나를 가르치소서 시편 119:68

You are good, and do good; teach me Your statutes. Psalm 119:68

2월 24일

내 평생에 선하심과 인자하심이 반드시 나를 따르
리니 내가 야훼의 집에 영원히 살리로다 시편 23:6

Surely goodness and mercy shall follow me all the
days of my life; and I will dwell in the house of
the LORD forever. Psalm 23:6

2월 25일

네 손이 선을 베풀 힘이 있거든 마땅히 받을 자에
게 베풀기를 아끼지 말며 잠언 3:27

Do not withhold good from those to whom it is
due, when it is in the power of your hand to do
so. Proverbs 3:27

2월 26일

우리가 선을 행하되 낙심하지 말지니 포기하지 아니하면 때가 이르매 거두리라 그러므로 우리는 기회 있는 대로 모든 이에게 착한 일을 하되 더욱 믿음의 가정들에게 할지니라 갈라디아서 6:9-10

And let us not grow weary while doing good, for in due season we shall reap if we do not lose heart. Therefore, as we have opportunity, let us do good to all, especially to those who are of the household of faith. Galatians 6:9-10

2월 27일

선을 행하고 선한 사업을 많이 하고 나누어 주기를 좋아하며 너그러운 자가 되게 하라 디모데전서 6:18

Let them do good, that they be rich in good works, ready to give, willing to share. 1 Timothy 6:18

2월 **28**일

선을 행하는 각 사람에게는 영광과 존귀와 평강이
있으리니 먼저는 유대인에게요 그리고 헬라인에
게라 로마서 2:10

But glory, honor, and peace to everyone who
works what is good, to the Jew first and also to
the Greek. Romans 2:10

2월 **29**일

형제들아 너희는 선을 행하다가 낙심하지 말라

데살로니가후서 3:13

But as for you, brethren, do not grow weary in
doing good. 2 Thessalonians 3:13

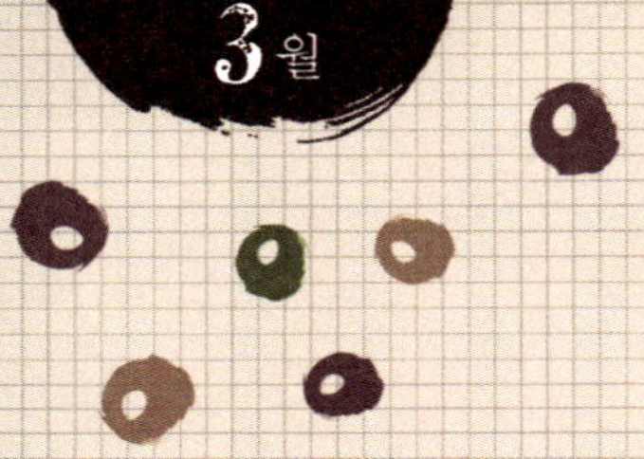

3월 1일

하나님이 능히 모든 은혜를 너희에게 넘치게 하시
나니 이는 너희로 모든 일에 항상 모든 것이 넉넉
하여 모든 착한 일을 넘치게 하게 하려 하심이라

고린도후서 9:8

And God is able to make all grace abound toward
you, that you, always having all sufficiency in all
things, may have an abundance for every good
work. 2 Corinthians 9:8

3월 2일

악에서 떠나 선을 행하고 화평을 구하며 그것을 따
르라 베드로전서 3:11

Let him turn away from evil and do good; let him
seek peace and pursue it. 1 Peter 3:11

3월 3일

선한 행실의 증거가 있어 혹은 자녀를 양육하며 혹은 나그네를 대접하며 혹은 성도들의 발을 씻으며 혹은 환난 당한 자들을 구제하며 혹은 모든 선한 일을 행한 자라야 할 것이요 디모데전서 5:10

Well reported for good works: if she has brought up children, if she has lodged strangers, if she has washed the saints' feet, if she has relieved the afflicted, if she has diligently followed every good work. 1 Timothy 5:10

3월 4일

선한 사람은 그 쌓은 선에서 선한 것을 내고 악한 사람은 그 쌓은 악에서 악한 것을 내느니라

마태복음 12:35

A good man out of the good treasure of his heart brings forth good things, and an evil man out of the evil treasure brings forth evil things.

Matthew 12:35

3월 5일

아무에게도 악을 악으로 갚지 말고 모든 사람 앞에서 선한 일을 도모하라 로마서 12:17

Repay no one evil for evil. Have regard for good things in the sight of all men. Romans 12:17

3월 6일

선한 양심을 가지라 이는 그리스도 안에 있는 너희의 선행을 욕하는 자들로 그 비방하는 일에 부끄러움을 당하게 하려 함이라 베드로전서 3:16

Having a good conscience, that when they defame you as evildoers, those who revile your good conduct in Christ may be ashamed. 1 Peter 3:16

3월 7일

악에서 떠나 선을 행하라 그리하면 영원히 살리니 시편 37:27

Depart from evil, and do good; and dwell forevermore. Psalm 37:27

성령의 9가지 열매_ 충성

3월 8일

그리고 맡은 자들에게 구할 것은 충성이니라

고린도전서 4:2

Moreover it is required in stewards that one be found faithful. 1 Corinthians 4:2

3월 9일

나를 능하게 하신 그리스도 예수 우리 주께 내가 감사함은 나를 충성되이 여겨 내게 직분을 맡기심 이니 디모데전서 1:12

And I thank Christ Jesus our Lord who has enabled me, because He counted me faithful, putting me into the ministry. 1 Timothy 1:12

3월 10일

그의 마음이 주 앞에서 충성됨을 보시고 그와 더불어 언약을 세우사 가나안 족속과 헷 족속과 아모리 족속과 브리스 족속과 여부스 족속과 기르가스 족속의 땅을 그의 씨에게 주리라 하시더니 그 말씀대로 이루셨사오매 주는 의로우심이로소이다 느헤미야 9:8

You found his heart faithful before You, and made a covenant with him to give the land of the Canaanites, the Hittites, the Amorites, the Perizzites, the Jebusites, and the Girgashites— to give it to his descendants. You have performed Your words, for You are righteous. Nehemiah 9:8

3월 11일

지극히 작은 것에 충성된 자는 큰 것에도 충성되고 지극히 작은 것에 불의한 자는 큰 것에도 불의하니라 누가복음 16:10

He who is faithful in what is least is faithful also in much; and he who is unjust in what is least is unjust also in much. Luke 16:10

3월 12일

충성된 사자는 그를 보낸 이에게 마치 추수하는 날에 얼음 냉수 같아서 능히 그 주인의 마음을 시원하게 하느니라 잠언 25:13

Like the cold of snow in time of harvest is a faithful messenger to those who send him, for he refreshes the soul of his masters. Proverbs 25:13

3월 13일

그 주인이 이르되 잘하였도다 착하고 충성된 종아 네가 적은 일에 충성하였으매 내가 많은 것을 네게 맡기리니 네 주인의 즐거움에 참여할지어다 하고 마태복음 25:21

His lord said to him, 'Well done, good and faithful servant; you were faithful over a few things, I will make you ruler over many things. Enter into the joy of your lord.' Matthew 25:21

3월 14일

네가 죽도록 충성하라 그리하면 내가 생명의 관을 네게 주리라 요한계시록 2:10c

Be faithful until death, and I will give you the crown of life. Revelation 2:10c

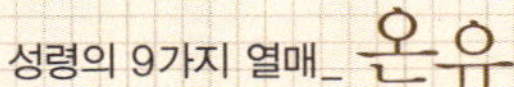

3월 15일 _ 사순절

나는 마음이 온유하고 겸손하니 나의 멍에를 메고
내게 배우라 그리하면 너희 마음이 쉼을 얻으리니
이는 내 멍에는 쉽고 내 짐은 가벼움이라 하시니라
마태복음 11:29–30

"Take My yoke upon you and learn from Me, for
I am gentle and lowly in heart, and you will find
rest for your souls. For My yoke is easy and My
burden is light." Matthew 11:29–30

3월 16일

형제들아 사람이 만일 무슨 범죄한 일이 드러나거
든 신령한 너희는 온유한 심령으로 그러한 자를 바
로잡고 너 자신을 살펴보아 너도 시험을 받을까 두
려워하라 갈라디아서 6:1

Brethren, if a man is overtaken in any trespass,
you who are spiritual restore such a one in a spirit
of gentleness, considering yourself lest you also
be tempted. Galatians 6:1

3월 17일

온유한 자는 복이 있나니 그들이 땅을 기업으로 받을 것임이요 마태복음 5:5

Blessed are the meek, for they shall inherit the earth. Matthew 5:5

3월 18일

온유한 자를 정의로 지도하심이여 온유한 자에게 그의 도를 가르치시리로다 시편 25:9

The humble He guides in justice, and the humble He teaches His way. Psalm 25:9

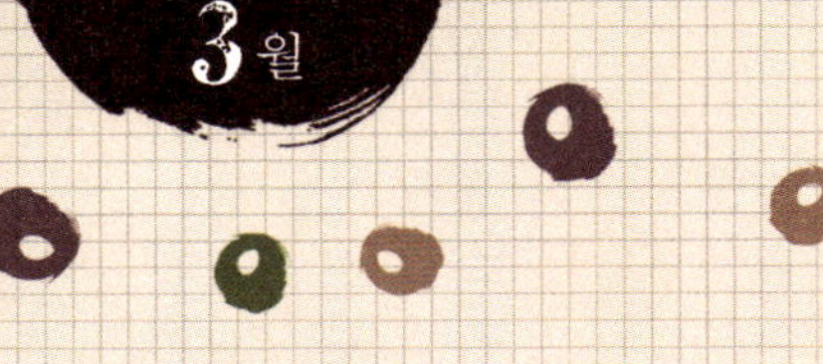

3월 19일

그러나 온유한 자들은 땅을 차지하며 풍성한 화평으로 즐거워하리로다 시편 37:11

But the meek shall inherit the earth, and shall delight themselves in the abundance of peace.
Psalm 37:11

3월 20일

아무도 비방하지 말며 다투지 말며 관용하며 범사에 온유함을 모든 사람에게 나타낼 것을 기억하게 하라 디도서 3:2

To speak evil of no one, to be peaceable, gentle, showing all humility to all men. Titus 3:2

March

3월 21일

유순한 대답은 분노를 쉬게 하여도 과격한 말은 노를 격동하느니라 잠언 15:1

A soft answer turns away wrath, but a harsh word stirs up anger. Proverbs 15:1

3월 22일

오직 마음에 숨은 사람을 온유하고 안정한 심령의 썩지 아니할 것으로 하라 이는 하나님 앞에 값진 것이니라 베드로전서 3:4

Rather let it be the hidden person of the heart, with the incorruptible beauty of a gentle and quiet spirit, which is very precious in the sight of God. 1 Peter 3:4

성령의 9가지 열매_ 절제

3월 23일

모든 지킬 만한 것 중에 더욱 네 마음을 지키라 생명의 근원이 이에서 남이니라 잠언 4:23

Keep your heart with all diligence, for out of it spring the issues of life. Proverbs 4:23

3월 24일

자기의 마음을 제어하지 아니하는 자는 성읍이 무너지고 성벽이 없는 것과 같으니라 잠언 25:28

Whoever has no rule over his own spirit is like a city broken down, without walls. Proverbs 25:28

3월 25일

노하기를 더디하는 자는 용사보다 낫고 자기의 마음을 다스리는 자는 성을 빼앗는 자보다 나으니라
잠언 16:32

He who is slow to anger is better than the mighty, and he who rules his spirit than he who takes a city. Proverbs 16:32

3월 26일

분을 내어도 죄를 짓지 말며 해가 지도록 분을 품지 말고 마귀에게 틈을 주지 말라 에베소서 4:26–27

"Be angry, and do not sin": do not let the sun go down on your wrath, nor give place to the devil.
Ephesians 4:26–27

3월 27일

그러므로 너희가 더욱 힘써 너희 믿음에 덕을, 덕에 지식을, 지식에 절제를, 절제에 인내를, 인내에 경건을, 경건에 형제 우애를, 형제 우애에 사랑을 더하라 베드로후서 1:5–7

But also for this very reason, giving all diligence, add to your faith virtue, to virtue knowledge, to knowledge self-control, to self-control perseverance, to perseverance godliness, to godliness brotherly kindness, and to brotherly kindness love. 2 Peter 1:5–7

3월 28일

여자들도 이와 같이 정숙하고 모함하지 아니하며
절제하며 모든 일에 충성된 자라야 할지니라

디모데전서 3:11

Likewise, their wives must be reverent, not
slanderers, temperate, faithful in all things.

1 Timothy 3:11

3월 29일

하나님이 우리에게 주신 것은 두려워하는 마음이
아니요 오직 능력과 사랑과 절제하는 마음이니

디모데후서 1:7

For God has not given us a spirit of fear, but of
power and of love and of a sound mind.

2 Timothy 1:7

3월 30일

이기기를 다투는 자마다 모든 일에 절제하나니 그
들은 썩을 승리자의 관을 얻고자 하되 우리는 썩지
아니할 것을 얻고자 하노라 고린도전서 9:25

And everyone who competes for the prize is
temperate in all things. Now they do it to obtain a
perishable crown, but we for an imperishable
crown. 1 Corinthians 9:25

3월 31일

내게 주신 은혜로 말미암아 너희 각 사람에게 말하
노니 마땅히 생각할 그 이상의 생각을 품지 말고
오직 하나님께서 각 사람에게 나누어 주신 믿음의
분량대로 지혜롭게 생각하라 로마서 12:3

For I say, through the grace given to me, to
everyone who is among you, not to think of
himself more highly than he ought to think, but to
think soberly, as God has dealt to each one a
measure of faith. Romans 12:3

chapter 02

예수님의 성품을 닮아가는 삶

Life following Jesus

4월

그리스도인의 축복된 삶

4월 1일 _ 종려주일

앞에서 가고 뒤에서 따르는 무리가 소리 높여 이르되 호산나 다윗의 자손이여 찬송하리로다 주의 이름으로 오시는 이여 가장 높은 곳에서 호산나 하더라 마태복음 21:9

Then the multitudes who went before and those who followed cried out, saying: "Hosanna to the Son of David! 'Blessed is He who comes in the name of the LORD!' Hosanna in the highest!"
Matthew 21:9

4월 2일 _ 고난주간

이에 가르쳐 이르시되 기록된 바 내 집은 만민이 기도하는 집이라 칭함을 받으리라고 하지 아니하였느냐 너희는 강도의 소굴을 만들었도다 하시매
마가복음 11:17

Then He taught, saying to them, "Is it not written, 'My house shall be called a house of prayer for all nations'? But you have made it a 'den of thieves.'" Mark 11:17

4월 3일 _ 고난주간

보라 우리가 예루살렘에 올라가노니 인자가 대제사장들과 서기관들에게 넘겨지매 그들이 죽이기로 결의하고 이방인들에게 넘겨 주겠고 그들은 능욕하며 침 뱉으며 채찍질하고 죽일 것이나 그는 삼 일 만에 살아나리라 하시니라 마가복음 10:33–34

"Behold, we are going up to Jerusalem, and the Son of Man will be betrayed to the chief priests and to the scribes; and they will condemn Him to death and deliver Him to the Gentiles; and they will mock Him, and scourge Him, and spit on Him, and kill Him. And the third day He will rise again." Mark 10:33–34

4월 4일 _ 고난주간

평안을 너희에게 끼치노니 곧 나의 평안을 너희에게 주노라 내가 너희에게 주는 것은 세상이 주는 것과 같지 아니하니라 너희는 마음에 근심하지도 말고 두려워하지도 말라 요한복음 14:27

Peace I leave with you, My peace I give to you; not as the world gives do I give to you. Let not your heart be troubled, neither let it be afraid. John 14:27

4월 5일 _ 고난주간

이르시되 아빠 아버지여 아버지께는 모든 것이 가능하오니 이 잔을 내게서 옮기시옵소서 그러나 나의 원대로 마시옵고 아버지의 원대로 하옵소서 하시고 마가복음 14:36

And He said, "Abba, Father, all things are possible for You. Take this cup away from Me; nevertheless, not what I will, but what You will." Mark 14:36

4월 6일 _ 고난주간

우리는 그리스도 안에서 그의 은혜의 풍성함을 따라 그의 피로 말미암아 속량 곧 죄 사함을 받았느니라 에베소서 1:7

In Him we have redemption through His blood, the forgiveness of sins, according to the riches of His grace. Ephesians 1:7

4월 7일

우리가 알거니와 하나님을 사랑하는 자 곧 그의 뜻 대로 부르심을 입은 자들에게는 모든 것이 합력하 여 선을 이루느니라 로마서 8:28

And we know that all things work together for good to those who love God, to those who are the called according to His purpose. Romans 8:28

4월 8일 _ 부활절

그러나 이제 그리스도께서 죽은 자 가운데서 다시 살아나사 잠자는 자들의 첫 열매가 되셨도다

고린도전서 15:20

But now Christ is risen from the dead, and has become the firstfruits of those who have fallen asleep. 1 Corinthians 15:20

4월 9일

그러므로 너희는 하나님이 택하사 거룩하고 사랑 받는 자처럼 긍휼과 자비와 겸손과 온유와 오래 참음을 옷 입고 누가 누구에게 불만이 있거든 서로 용납하여 피차 용서하되 주께서 너희를 용서하신 것 같이 너희도 그리하고 이 모든 것 위에 사랑을 더하라 이는 온전하게 매는 띠니라 골로새서 3:12-14

Therefore, as the elect of God, holy and beloved, put on tender mercies, kindness, humility, meekness, longsuffering; bearing with one another, and forgiving one another, if anyone has a complaint against another; even as Christ forgave you, so you also must do. But above all these things put on love, which is the bond of perfection. Colossians 3:12-14

4월 10일

서서 기도할 때에 아무에게나 혐의가 있거든 용서하라 그리하여야 하늘에 계신 너희 아버지께서도 너희 허물을 사하여 주시리라 하시니라 마가복음 11:25

"And whenever you stand praying, if you have anything against anyone, forgive him, that your Father in heaven may also forgive you your trespasses." Mark 11:25

4월 11일

또 네 이웃을 사랑하고 네 원수를 미워하라 하였다는 것을 너희가 들었으나 나는 너희에게 이르노니 너희 원수를 사랑하며 너희를 박해하는 자를 위하여 기도하라 마태복음 5:43-44

"You have heard that it was said, 'You shall love your neighbor and hate your enemy.' But I say to you, love your enemies, bless those who curse you, do good to those who hate you, and pray for those who spitefully use you and persecute you." Matthew 5:43-44

4월 12일

새 계명을 너희에게 주노니 서로 사랑하라 내가 너희를 사랑한 것 같이 너희도 서로 사랑하라 너희가 서로 사랑하면 이로써 모든 사람이 너희가 내 제자인 줄 알리라 요한복음 13:34-35

"A new commandment I give to you, that you love one another; as I have loved you, that you also love one another. By this all will know that you are My disciples, if you have love for one another." John 13:34-35

4월 13일

사랑에는 거짓이 없나니 악을 미워하고 선에 속하라 형제를 사랑하여 서로 우애하고 존경하기를 서로 먼저 하며 로마서 12:9-10

Let love be without hypocrisy. Abhor what is evil. Cling to what is good. Be kindly affectionate to one another with brotherly love, in honor giving preference to one another. Romans 12:9-10

4월 14일

자녀들아 우리가 말과 혀로만 사랑하지 말고 행함과 진실함으로 하자 요한1서 3:18

My little children, let us not love in word or in tongue, but in deed and in truth. 1 John 3:18

그리스도인의 축복된 삶_
말씀으로 충만

4월 15일

하나님의 말씀은 살아 있고 활력이 있어 좌우에 날 선 어떤 검보다도 예리하여 혼과 영과 및 관절과 골수를 찔러 쪼개기까지 하며 또 마음의 생각과 뜻을 판단하나니 히브리서 4:12

For the word of God is living and powerful, and sharper than any two-edged sword, piercing even to the division of soul and spirit, and of joints and marrow, and is a discerner of the thoughts and intents of the heart. Hebrews 4:12

4월 16일

청년이 무엇으로 그의 행실을 깨끗하게 하리이까 주의 말씀만 지킬 따름이니이다 시편 119:9

How can a young man cleanse his way? By taking heed according to Your word. Psalm 119:9

4월 17일

하나님의 말씀은 다 순전하며 하나님은 그를 의지 하는 자의 방패시니라 잠언 30:5

Every word of God is pure; He is a shield to those who put their trust in Him. Proverbs 30:5

4월 18일

이 율법책을 네 입에서 떠나지 말게 하며 주야로 그것을 묵상하여 그 안에 기록된 대로 다 지켜 행 하라 그리하면 네 길이 평탄하게 될 것이며 네가 형통하리라 여호수아 1:8

This Book of the Law shall not depart from your mouth, but you shall meditate in it day and night, that you may observe to do according to all that is written in it. For then you will make your way prosperous, and then you will have good success. Joshua 1:8

4월 19일

너를 낮추시며 너를 주리게 하시며 또 너도 알지 못하며 네 조상들도 알지 못하던 만나를 네게 먹이신 것은 사람이 떡으로만 사는 것이 아니요 야훼의 입에서 나오는 모든 말씀으로 사는 줄을 네가 알게 하려 하심이니라 신명기 8:3

So He humbled you, allowed you to hunger, and fed you with manna which you did not know nor did your fathers know, that He might make you know that man shall not live by bread alone; but man lives by every word that proceeds from the mouth of the LORD. Deuteronomy 8:3

4월 20일

야훼의 율법은 완전하여 영혼을 소성시키며 야훼의 증거는 확실하여 우둔한 자를 지혜롭게 하며 야훼의 교훈은 정직하여 마음을 기쁘게 하고 야훼의 계명은 순결하여 눈을 밝게 하시도다 시편 19:7-8

The law of the LORD is perfect, converting the soul; the testimony of the LORD is sure, making wise the simple; the statutes of the LORD are right, rejoicing the heart; the commandment of the LORD is pure, enlightening the eyes. Psalm 19:7-8

4월 21일

주의 말씀은 내 발에 등이요 내 길에 빛이니이다
시편 119:105

Your word is a lamp to my feet and a light to my
path. Psalm 119:105

4월 22일

구원의 투구와 성령의 검 곧 하나님의 말씀을 가
지라 에베소서 6:17

And take the helmet of salvation, and the sword of
the Spirit, which is the word of God. Ephesians 6:17

4월 23일

모든 성경은 하나님의 감동으로 된 것으로 교훈과
책망과 바르게 함과 의로 교육하기에 유익하니 이
는 하나님의 사람으로 온전하게 하며 모든 선한 일
을 행할 능력을 갖추게 하려 함이라 디모데후서 3:16–17

All Scripture is given by inspiration of God, and is
profitable for doctrine, for reproof, for correction,
for instruction in righteousness, that the man of
God may be complete, thoroughly equipped for
every good work. 2 Timothy 3:16–17

그리스도인의 축복된 삶_
성령을 구하고 따름

4월 24일

구하는 이마다 받을 것이요 찾는 이는 찾아낼 것이요 두드리는 이에게는 열릴 것이니라 너희 중에 아버지 된 자로서 누가 아들이 생선을 달라 하는데 생선 대신에 뱀을 주며 알을 달라 하는데 전갈을 주겠느냐 너희가 악할지라도 좋은 것을 자식에게 줄 줄 알거든 하물며 너희 하늘 아버지께서 구하는 자에게 성령을 주시지 않겠느냐 하시니라

누가복음 11:10-13

"For everyone who asks receives, and he who seeks finds, and to him who knocks it will be opened. If a son asks for bread from any father among you, will he give him a stone? Or if he asks for a fish, will he give him a serpent instead of a fish? Or if he asks for an egg, will he offer him a scorpion? If you then, being evil, know how to give good gifts to your children, how much more will your heavenly Father give the Holy Spirit to those who ask Him!" Luke 11:10-13

4월 25일

내가 이르노니 너희는 성령을 따라 행하라 그리하면 육체의 욕심을 이루지 아니하리라 육체의 소욕은 성령을 거스르고 성령은 육체를 거스르나니 이 둘이 서로 대적함으로 너희가 원하는 것을 하지 못하게 하려 함이니라 갈라디아서 5:16-17

I say then: Walk in the Spirit, and you shall not fulfill the lust of the flesh. For the flesh lusts against the Spirit, and the Spirit against the flesh; and these are contrary to one another, so that you do not do the things that you wish. Galatians 5:16-17

4월 26일

우리가 세상의 영을 받지 아니하고 오직 하나님으로부터 온 영을 받았으니 이는 우리로 하여금 하나님께서 우리에게 은혜로 주신 것들을 알게 하려 하심이라 고린도전서 2:12

Now we have received, not the spirit of the world, but the Spirit who is from God, that we might know the things that have been freely given to us by God. 1 Corinthians 2:12

4월 27일

너희는 너희가 하나님의 성전인 것과 하나님의 성령
이 너희 안에 계시는 것을 알지 못하느냐

고린도전서 3:16

Do you not know that you are the temple of God
and that the Spirit of God dwells in you?

1 Corinthians 3:16

4월 28일

이와 같이 성령도 우리의 연약함을 도우시나니 우
리는 마땅히 기도할 바를 알지 못하나 오직 성령이
말할 수 없는 탄식으로 우리를 위하여 친히 간구하
시느니라 마음을 살피시는 이가 성령의 생각을 아
시나니 이는 성령이 하나님의 뜻대로 성도를 위하
여 간구하심이니라 로마서 8:26-27

Likewise the Spirit also helps in our weaknesses.
For we do not know what we should pray for as
we ought, but the Spirit Himself makes
intercession for us with groanings which cannot
be uttered. Now He who searches the hearts
knows what the mind of the Spirit is, because He
makes intercession for the saints according to the
will of God. Romans 8:26-27

4월 29일

만일 너희 속에 하나님의 영이 거하시면 너희가 육신에 있지 아니하고 영에 있나니 누구든지 그리스도의 영이 없으면 그리스도의 사람이 아니라 로마서 8:9

But you are not in the flesh but in the Spirit, if indeed the Spirit of God dwells in you. Now if anyone does not have the Spirit of Christ, he is not His. Romans 8:9

4월 30일

무릇 하나님의 영으로 인도함을 받는 사람은 곧 하나님의 아들이라 너희는 다시 무서워하는 종의 영을 받지 아니하고 양자의 영을 받았으므로 우리가 아빠 아버지라고 부르짖느니라 성령이 친히 우리의 영과 더불어 우리가 하나님의 자녀인 것을 증언하시나니 로마서 8:14-16

For as many as are led by the Spirit of God, these are sons of God. For you did not receive the spirit of bondage again to fear, but you received the Spirit of adoption by whom we cry out, "Abba, Father." The Spirit Himself bears witness with our spirit that we are children of God.
Romans 8:14-16

그리스도인의 축복된 삶_
예배와 기도

5월 1일

하나님은 영이시니 예배하는 자가 영과 진리로 예배할지니라 요한복음 4:24

"God is Spirit, and those who worship Him must worship in spirit and truth." John 4:24

5월 2일

시험에 들지 않게 깨어 기도하라 마음에는 원이로되 육신이 약하도다 하시고 마태복음 26:41

"Watch and pray, lest you enter into temptation. The spirit indeed is willing, but the flesh is weak." Matthew 26:41

5월 3일

모든 기도와 간구를 하되 항상 성령 안에서 기도하고 이를 위하여 깨어 구하기를 항상 힘쓰며 여러 성도를 위하여 구하라 에베소서 6:18

Praying always with all prayer and supplication in the Spirit, being watchful to this end with all perseverance and supplication for all the saints.
Ephesians 6:18

5월 4일

너희가 온 마음으로 나를 구하면 나를 찾을 것이요 나를 만나리라 예레미야 29:13

And you will seek Me and find Me, when you search for Me with all your heart. Jeremiah 29:13

5월 5일 _ 어린이날

예수께서 그 어린 아이들을 불러 가까이 하시고 이르시되 어린 아이들이 내게 오는 것을 용납하고 금하지 말라 하나님의 나라가 이런 자의 것이니라
누가복음 18:16

But Jesus called them to Him and said, "Let the little children come to Me, and do not forbid them; for of such is the kingdom of God."
Luke 18:16

5월 6일

너는 기도할 때에 네 골방에 들어가 문을 닫고 은밀한 중에 계신 네 아버지께 기도하라 은밀한 중에 보시는 네 아버지께서 갚으시리라 마태복음 6:6

But you, when you pray, go into your room, and when you have shut your door, pray to your Father who is in the secret place; and your Father who sees in secret will reward you openly.
Matthew 6:6

5월 7일

그러므로 내가 너희에게 말하노니 무엇이든지 기도하고 구하는 것은 받은 줄로 믿으라 그리하면 너희에게 그대로 되리라 마가복음 11:24

Therefore I say to you, whatever things you ask when you pray, believe that you receive them, and you will have them. Mark 11:24

5월 8일 _ 어버이날

네 부모를 즐겁게 하며 너를 낳은 어미를 기쁘게 하라 잠언 23:25

Let your father and your mother be glad, and let her who bore you rejoice. Proverbs 23:25

5월 9일

너희가 내 이름으로 무엇을 구하든지 내가 행하리니 이는 아버지로 하여금 아들로 말미암아 영광을 받으시게 하려 함이라 내 이름으로 무엇이든지 내게 구하면 내가 행하리라 요한복음 14:13-14

And whatever you ask in My name, that I will do, that the Father may be glorified in the Son. If you ask anything in My name, I will do it. John 14:13-14

5월 10일

아무 것도 염려하지 말고 다만 모든 일에 기도와 간구로, 너희 구할 것을 감사함으로 하나님께 아뢰라 그리하면 모든 지각에 뛰어난 하나님의 평강이 그리스도 예수 안에서 너희 마음과 생각을 지키시리라 빌립보서 4:6-7

Be anxious for nothing, but in everything by prayer and supplication, with thanksgiving, let your requests be made known to God; and the peace of God, which surpasses all understanding, will guard your hearts and minds through Christ Jesus. Philippians 4:6-7

5월 11일

너희가 내 안에 거하고 내 말이 너희 안에 거하면
무엇이든지 원하는 대로 구하라 그리하면 이루리라

요한복음 15:7

If you abide in Me, and My words abide in you,
you will ask what you desire, and it shall be done
for you. John 15:7

5월 12일

기도를 계속하고 기도에 감사함으로 깨어 있으라

골로새서 4:2

Continue earnestly in prayer, being vigilant in it
with thanksgiving. Colossians 4:2

그리스도인의 축복된 삶_ 지혜

5월 13일

너희 중에 누구든지 지혜가 부족하거든 모든 사람에게 후히 주시고 꾸짖지 아니하시는 하나님께 구하라 그리하면 주시리라 야고보서 1:5

If any of you lacks wisdom, let him ask of God, who gives to all liberally and without reproach, and it will be given to him. James 1:5

5월 14일

지혜와 권능이 하나님께 있고 계략과 명철도 그에게 속하였나니 욥기 12:13

"With Him are wisdom and strength, He has counsel and understanding." Job 12:13

5월 15일

지혜는 진주보다 귀하니 네가 사모하는 모든 것으로도 이에 비교할 수 없도다 잠언 3:15

She is more precious than rubies, and all the things you may desire cannot compare with her.
Proverbs 3:15

5월 16일

지혜를 얻은 자와 명철을 얻은 자는 복이 있나니 이는 지혜를 얻는 것이 은을 얻는 것보다 낫고 그 이익이 정금보다 나음이니라 잠언 3:13-14

Happy is the man who finds wisdom, and the man who gains understanding; for her proceeds are better than the profits of silver, and her gain than fine gold. Proverbs 3:13-14

5월 17일

야훼를 경외하는 것이 지혜의 근본이요 거룩하신 자를 아는 것이 명철이니라 잠언 9:10

"The fear of the LORD is the beginning of wisdom, and the knowledge of the Holy One is understanding." Proverbs 9:10

5월 18일

지혜를 얻는 자는 자기 영혼을 사랑하고 명철을 지키는 자는 복을 얻느니라 잠언 19:8

He who gets wisdom loves his own soul; he who keeps understanding will find good. Proverbs 19:8

그리스도인의 축복된 삶_ **열매 맺음**

5월 19일

나는 포도나무요 너희는 가지라 그가 내 안에, 내가
그 안에 거하면 사람이 열매를 많이 맺나니 나를
떠나서는 너희가 아무 것도 할 수 없음이라

요한복음 15:5

"I am the vine, you are the branches. He who
abides in Me, and I in him, bears much fruit; for
without Me you can do nothing." John 15:5

5월 20일

너희가 열매를 많이 맺으면 내 아버지께서 영광을
받으실 것이요 너희는 내 제자가 되리라 요한복음 15:8

By this My Father is glorified, that you bear much
fruit; so you will be My disciples. John 15:8

5월 21일

너희가 나를 택한 것이 아니요 내가 너희를 택하여
세웠나니 이는 너희로 가서 열매를 맺게 하고 또
너희 열매가 항상 있게 하여 내 이름으로 아버지께
무엇을 구하든지 다 받게 하려 함이라 요한복음 15:16

You did not choose Me, but I chose you and
appointed you that you should go and bear fruit,
and that your fruit should remain, that whatever
you ask the Father in My name He may give you.
John 15:16

5월 22일

그러나 이제는 너희가 죄로부터 해방되고 하나님께
종이 되어 거룩함에 이르는 열매를 맺었으니 그 마
지막은 영생이라 로마서 6:22

But now having been set free from sin, and
having become slaves of God, you have your fruit
to holiness, and the end, everlasting life.
Romans 6:22

그리스도인의 축복된 가정생활

5월 23일

아내들이여 자기 남편에게 복종하기를 주께 하듯
하라 이는 남편이 아내의 머리 됨이 그리스도께서
교회의 머리 됨과 같음이니 그가 바로 몸의 구주시
니라 에베소서 5:22-23

Wives, submit to your own husbands, as to the
Lord. For the husband is head of the wife, as also
Christ is head of the church; and He is the Savior
of the body. Ephesians 5:22-23

5월 24일

이와 같이 남편들도 자기 아내 사랑하기를 자기 자
신과 같이 할지니 자기 아내를 사랑하는 자는 자기
를 사랑하는 것이라 에베소서 5:28

So husbands ought to love their own wives as
their own bodies; he who loves his wife loves
himself. Ephesians 5:28

5월 25일

예수께서 대답하여 이르시되 사람을 지으신 이가
본래 그들을 남자와 여자로 지으시고 말씀하시기를
그러므로 사람이 그 부모를 떠나서 아내에게 합하
여 그 둘이 한 몸이 될지니라 하신 것을 읽지 못하
였느냐 그런즉 이제 둘이 아니요 한 몸이니 그러므
로 하나님이 짝지어 주신 것을 사람이 나누지 못할
지니라 하시니 마태복음 19:4-6

And He answered and said to them, "Have you
not read that He who made them at the beginning
'made them male and female,' and said, 'For this
reason a man shall leave his father and mother
and be joined to his wife, and the two shall
become one flesh'? So then, they are no longer
two but one flesh. Therefore what God has joined
together, let not man separate." Matthew 19:4-6

5월 26일

네 자식을 징계하라 그리하면 그가 너를 평안하게
하겠고 또 네 마음에 기쁨을 주리라 잠언 29:17

Correct your son, and he will give you rest; Yes,
he will give delight to your soul. Proverbs 29:17

5월 27일 _ 성령강림주일

오직 성령이 너희에게 임하시면 너희가 권능을 받
고 예루살렘과 온 유대와 사마리아와 땅 끝까지 이
르러 내 증인이 되리라 하시니라 사도행전 1:8

"But you shall receive power when the Holy
Spirit has come upon you; and you shall be
witnesses to Me in Jerusalem, and in all Judea and
Samaria, and to the end of the earth." Acts 1:8

5월 28일

또 아비들아 너희 자녀를 노엽게 하지 말고 오직 주의 교훈과 훈계로 양육하라 에베소서 6:4

And you, fathers, do not provoke your children to wrath, but bring them up in the training and admonition of the Lord. Ephesians 6:4

5월 29일

자녀들아 주 안에서 너희 부모에게 순종하라 이것이 옳으니라 네 아버지와 어머니를 공경하라 이것은 약속이 있는 첫 계명이니 이로써 네가 잘되고 땅에서 장수하리라 에베소서 6:1-3

Children, obey your parents in the Lord, for this is right. "Honor your father and mother," which is the first commandment with promise: "that it may be well with you and you may live long on the earth." Ephesians 6:1-3

5월 30일

내 아들아 네 아비의 명령을 지키며 네 어미의 법을 떠나지 말고 그것을 항상 네 마음에 새기며 네 목에 매라 잠언 6:20-21

My son, keep your father's command, and do not forsake the law of your mother. Bind them continually upon your heart; tie them around your neck. Proverbs 6:20-21

5월 31일

내 아들아 야훼의 징계를 경히 여기지 말라 그 꾸지람을 싫어하지 말라 대저 야훼께서 그 사랑하시는 자를 징계하시기를 마치 아비가 그 기뻐하는 아들을 징계함 같이 하시느니라 잠언 3:11-12

My son, do not despise the chastening of the LORD, nor detest His correction; for whom the LORD loves He corrects, just as a father the son in whom he delights. Proverbs 3:11-12

세 가지 축복

6월 1일

사랑하는 자여 네 영혼이 잘됨 같이 네가 범사에 잘되고 강건하기를 내가 간구하노라 요한3서 1:2

Beloved, I pray that you may prosper in all things and be in health, just as your soul prospers.
3 John 1:2

6월 2일

내가 복음을 부끄러워하지 아니하노니 이 복음은 모든 믿는 자에게 구원을 주시는 하나님의 능력이 됨이라 로마서 1:16a

For I am not ashamed of the gospel of Christ, for it is the power of God to salvation for everyone who believes. Romans 1:16a

 영적 축복

6월 **3**일

기록된 바 하나님이 자기를 사랑하는 자들을 위하여 예비하신 모든 것은 눈으로 보지 못하고 귀로 듣지 못하고 사람의 마음으로 생각하지도 못하였다 함과 같으니라 오직 하나님이 성령으로 이것을 우리에게 보이셨으니 성령은 모든 것 곧 하나님의 깊은 것까지도 통달하시느니라 고린도전서 2:9-10

But as it is written: "Eye has not seen, nor ear heard, nor have entered into the heart of man the things which God has prepared for those who love Him." But God has revealed them to us through His Spirit. For the Spirit searches all things, yes, the deep things of God.

1 Corinthians 2:9-10

세 가지 축복_ 환경적 축복

6월 4일

우리 주 예수 그리스도의 은혜를 너희가 알거니와
부요하신 이로서 너희를 위하여 가난하게 되심은
그의 가난함으로 말미암아 너희를 부요하게 하려
하심이라 고린도후서 8:9

For you know the grace of our Lord Jesus Christ,
that though He was rich, yet for your sakes He
became poor, that you through His poverty might
become rich. 2 Corinthians 8:9

6월 5일

이는 그리스도 예수 안에서 아브라함의 복이 이방
인에게 미치게 하고 또 우리로 하여금 믿음으로 말
미암아 성령의 약속을 받게 하려 함이라

갈라디아서 3:14

That the blessing of Abraham might come upon
the Gentiles in Christ Jesus, that we might receive
the promise of the Spirit through faith.

Galatians 3:14

6월 6일

야훼께서 명령하사 네 창고와 네 손으로 하는 모든 일에 복을 내리시고 네 하나님 야훼께서 네게 주시는 땅에서 네게 복을 주실 것이며 야훼께서 네게 맹세하신 대로 너를 세워 자기의 성민이 되게 하시리니 이는 네가 네 하나님 야훼의 명령을 지켜 그 길로 행할 것임이니라 신명기 28:8-9

"The LORD will command the blessing on you in your storehouses and in all to which you set your hand, and He will bless you in the land which the LORD your God is giving you. The LORD will establish you as a holy people to Himself, just as He has sworn to you, if you keep the commandments of the LORD your God and walk in His ways." Deuteronomy 28:8-9

세 가지 축복_ 육체적 축복

6월 **7**일

이는 선지자 이사야를 통하여 하신 말씀에 우리의 연약한 것을 친히 담당하시고 병을 짊어지셨도다 함을 이루려 하심이더라 마태복음 8:17

That it might be fulfilled which was spoken by Isaiah the prophet, saying: "He Himself took our infirmities and bore our sicknesses." Matthew 8:17

6월 **8**일

너희 중에 병든 자가 있느냐 그는 교회의 장로들을 청할 것이요 그들은 주의 이름으로 기름을 바르며 그를 위하여 기도할지니라 믿음의 기도는 병든 자를 구원하리니 주께서 그를 일으키시리라 혹시 죄를 범하였을지라도 사하심을 받으리라 야고보서 5:14-15

Is anyone among you sick? Let him call for the elders of the church, and let them pray over him, anointing him with oil in the name of the Lord. And the prayer of faith will save the sick, and the Lord will raise him up. And if he has committed sins, he will be forgiven. James 5:14-15

chapter 03

†

예수님을 따르는 신앙

Faith following Jesus

성도가 가져야 할 7가지 신앙_

갈보리 십자가의 신앙

6월 9일

예수께서 이르시되 내가 곧 길이요 진리요 생명이니
나로 말미암지 않고는 아버지께로 올 자가 없느니라

요한복음 14:6

Jesus said to him, "I am the way, the truth, and the
life. No one comes to the Father except through
Me." John 14:6

6월 10일

죄의 삯은 사망이요 하나님의 은사는 그리스도 예수
우리 주 안에 있는 영생이니라 로마서 6:23

For the wages of sin is death, but the gift of God is
eternal life in Christ Jesus our Lord. Romans 6:23

성도가 가져야 할 7가지 신앙_
오순절 성령충만의 신앙

6월 11일

율법을 따라 거의 모든 물건이 피로써 정결하게 되나니 피흘림이 없은즉 사함이 없느니라 히브리서 9:22

And according to the law almost all things are purified with blood, and without shedding of blood there is no remission. Hebrews 9:22

6월 12일

사도와 함께 모이사 그들에게 분부하여 이르시되 예루살렘을 떠나지 말고 내게서 들은 바 아버지께서 약속하신 것을 기다리라 요한은 물로 세례를 베풀었으나 너희는 몇 날이 못되어 성령으로 세례를 받으리라 하셨느니라 사도행전 1:4-5

And being assembled together with them, He commanded them not to depart from Jerusalem, but to wait for the Promise of the Father, "which," He said, "you have heard from Me; for John truly baptized with water, but you shall be baptized with the Holy Spirit not many days from now." Acts 1:4-5

성도가 가져야 할 7가지 신앙_
땅 끝까지 전하는 신앙

6월 13일

예수께서 나아와 말씀하여 이르시되 하늘과 땅의 모든 권세를 내게 주셨으니 그러므로 너희는 가서 모든 민족을 제자로 삼아 아버지와 아들과 성령의 이름으로 세례를 베풀고 내가 너희에게 분부한 모든 것을 가르쳐 지키게 하라 볼지어다 내가 세상 끝날까지 너희와 항상 함께 있으리라 하시니라 마태복음 28:18-20

And Jesus came and spoke to them, saying, "All authority has been given to Me in heaven and on earth. Go therefore and make disciples of all the nations, baptizing them in the name of the Father and of the Son and of the Holy Spirit, teaching them to observe all things that I have commanded you; and lo, I am with you always, even to the end of the age." Amen. Matthew 28:18-20

성도가 가져야 할 7가지 신앙_
좋으신 하나님 신앙

6월 14일

우리가 아직 죄인 되었을 때에 그리스도께서 우리를 위하여 죽으심으로 하나님께서 우리에 대한 자기의 사랑을 확증하셨느니라 로마서 5:8

But God demonstrates His own love toward us, in that while we were still sinners, Christ died for us. Romans 5:8

6월 15일

야훼와 같이 거룩하신 이가 없으시니 이는 주 밖에 다른 이가 없고 우리 하나님 같은 반석도 없으심이니이다 사무엘상 2:2

"No one is holy like the LORD, for there is none besides You, nor is there any rock like our God. 1 Samuel 2:2

6월 16일

하나님이 자기 형상 곧 하나님의 형상대로 사람을 창조하시되 남자와 여자를 창조하시고 하나님이 그들에게 복을 주시며 하나님이 그들에게 이르시되 생육하고 번성하여 땅에 충만하라, 땅을 정복하라, 바다의 물고기와 하늘의 새와 땅에 움직이는 모든 생물을 다스리라 하시니라 창세기 1:27-28

So God created man in His own image; in the image of God He created him; male and female He created them. Then God blessed them, and God said to them, "Be fruitful and multiply; fill the earth and subdue it; have dominion over the fish of the sea, over the birds of the air, and over every living thing that moves on the earth." Genesis 1:27-28

6월 17일

야훼께서 아브람에게 이르시되 너는 너의 고향과 친척과 아버지의 집을 떠나 내가 네게 보여 줄 땅으로 가라 내가 너로 큰 민족을 이루고 네게 복을 주어 네 이름을 창대하게 하리니 너는 복이 될지라 너를 축복하는 자에게는 내가 복을 내리고 너를 저주하는 자에게는 내가 저주하리니 땅의 모든 족속이 너로 말미암아 복을 얻을 것이라 하신지라 창세기 12:1-3

Now the LORD had said to Abram: "Get out of your country, From your family And from your father's house, To a land that I will show you. I will make you a great nation; I will bless you And make your name great; And you shall be a blessing. I will bless those who bless you, And I will curse him who curses you; And in you all the families of the earth shall be blessed." Genesis 12:1-3

6 월

병을 짊어지신 신앙

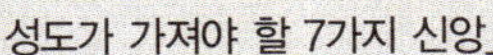

6월 18일

주여 사람이 사는 것이 이에 있고 내 심령의 생명도 온전히 거기에 있사오니 원하건대 나를 치료하시며 나를 살려 주옵소서 이사야 38:16

O Lord, by these things men live; And in all these things is the life of my spirit; So You will restore me and make me live. Isaiah 38:16

6월 19일

이르시되 너희가 너희 하나님 나 야훼의 말을 들어 순종하고 내가 보기에 의를 행하며 내 계명에 귀를 기울이며 내 모든 규례를 지키면 내가 애굽 사람에게 내린 모든 질병 중 하나도 너희에게 내리지 아니하리니 나는 너희를 치료하는 야훼임이라 출애굽기 15:26

And said, "If you diligently heed the voice of the LORD your God and do what is right in His sight, give ear to His commandments and keep all His statutes, I will put none of the diseases on you which I have brought on the Egyptians. For I am the LORD who heals you." Exodus 15:26

6월 20일

그리하면 네 빛이 새벽 같이 비칠 것이며 네 치유가
급속할 것이며 네 공의가 네 앞에 행하고 야훼의 영
광이 네 뒤에 호위하리니 이사야 58:8

Then your light shall break forth like the morning.
Your healing shall spring forth speedily, And your
righteousness shall go before you; The glory of the
LORD shall be your rear guard. Isaiah 58:8

6월 21일

무리가 알고 따라왔거늘 예수께서 그들을 영접하사
하나님 나라의 일을 이야기하시며 병 고칠 자들은 고
치시더라 누가복음 9:11

But when the multitudes knew it, they followed
Him; and He received them and spoke to them
about the kingdom of God, and healed those who
had need of healing. Luke 9:11

성도가 가져야 할 7가지 신앙_
다시 오실 예수님 신앙

6월 22일

우리 생명이신 그리스도께서 나타나실 그 때에 너희
도 그와 함께 영광 중에 나타나리라 골로새서 3:4

When Christ who is our life appears, then you also
will appear with Him in glory. Colossians 3:4

6월 23일

내가 또 밤 환상 중에 보니 인자 같은 이가 하늘 구
름을 타고 와서 옛적부터 항상 계신 이에게 나아가
그 앞으로 인도되매 다니엘 7:13

"I was watching in the night visions, and behold,
One like the Son of Man, coming with the clouds of
heaven! He came to the Ancient of Days, and they
brought Him near before Him." Daniel 7:13

6월 24일

시온에서 나팔을 불며 나의 거룩한 산에서 경고의 소리를 질러 이 땅 주민들로 다 떨게 할지니 이는 야훼의 날이 이르게 됨이니라 이제 임박하였으니 요엘 2:1

Blow the trumpet in Zion, and sound an alarm ir My holy mountain! Let all the inhabitants of the lanc tremble; for the day of the LORD is coming, for it is at hand. Joel 2:1

6월 25일

주께서 호령과 천사장의 소리와 하나님의 나팔 소리로 친히 하늘로부터 강림하시리니 데살로니가전서 4:16a

For the Lord Himself will descend from heaven with a shout, with the voice of an archangel, and with the trumpet of God. 1 Thessalonians 4:16a

6월 26일

그러나 그 날과 그 때는 아무도 모르나니 하늘에 있는 천사들도, 아들도 모르고 아버지만 아시느니라

마가복음 13:32

"But of that day and hour no one knows, not ever the angels in heaven, nor the Son, but only the Father." Mark 13:32

성도가 가져야 할 7가지 신앙_

나누어 주는 신앙

6월 27일

임금이 대답하여 이르시되 내가 진실로 너희에게 이르노니 너희가 여기 내 형제 중에 지극히 작은 자 하나에게 한 것이 곧 내게 한 것이니라 하시고

마태복음 25:40

And the King will answer and say to them, 'Assuredly, I say to you, inasmuch as you did it to one of the least of these My brethren, you did it to Me.' Matthew 25:40

6월 28일

가이사랴에 고넬료라 하는 사람이 있으니 이달리야 부대라 하는 군대의 백부장이라 그가 경건하여 온 집안과 더불어 하나님을 경외하며 백성을 많이 구제하고 하나님께 항상 기도하더니 사도행전 10:1-2

There was a certain man in Caesarea called Cornelius, a centurion of what was called the Italian Regiment, a devout man and one who feared God with all his household, who gave alms generously to the people, and prayed to God always. Acts 10:1-2

6월 29일

그런즉 왕이여 내가 아뢰는 것을 받으시고 공의를 행함으로 죄를 사하고 가난한 자를 긍휼히 여김으로 죄악을 사하소서 그리하시면 왕의 평안함이 혹시 장구하리이다 하니라 다니엘 4:27

"Therefore, O king, let my advice be acceptable to you; break off your sins by being righteous, and your iniquities by showing mercy to the poor. Perhaps there may be a lengthening of your prosperity." Daniel 4:27

6월 30일

환난의 많은 시련 가운데서 그들의 넘치는 기쁨과 극심한 가난이 그들의 풍성한 연보를 넘치도록 하게 하였느니라 내가 증언하노니 그들이 힘대로 할 뿐 아니라 힘에 지나도록 자원하여 이 은혜와 성도 섬기는 일에 참여함에 대하여 우리에게 간절히 구하니 우리가 바라던 것뿐 아니라 그들이 먼저 자신을 주께 드리고 또 하나님의 뜻을 따라 우리에게 주었도다 고린도후서 8:2-5

That in a great trial of affliction the abundance of their joy and their deep poverty abounded in the riches of their liberality. For I bear witness that according to their ability, yes, and beyond their ability, they were freely willing, imploring us with much urgency that we would receive the gift and the fellowship of the ministering to the saints. And not only as we had hoped, but they first gave themselves to the Lord, and then to us by the will of God. 2 Corinthians 8:2-5

Part 2

예수님의 사명

chapter 04

✝

예수 그리스도의 사역

The Work of Jesus Christ

7월

가르치시고 전파하시고 치료하심

7월 1일

데오빌로여 내가 먼저 쓴 글에는 무릇 예수께서 행하시며 가르치시기를 시작하심부터 그가 택하신 사도들에게 성령으로 명하시고 승천하신 날까지의 일을 기록하였노라 사도행전 1:1-2

The former account I made, O Theophilus, of all that Jesus began both to do and teach, until the day in which He was taken up, after He through the Holy Spirit had given commandments to the apostles whom He had chosen. Acts 1:1-2

7월 2일

하나님이 나사렛 예수에게 성령과 능력을 기름 붓듯 하셨으매 그가 두루 다니시며 선한 일을 행하시고 마귀에게 눌린 모든 사람을 고치셨으니 이는 하나님이 함께 하셨음이라 사도행전 10:38

How God anointed Jesus of Nazareth with the Holy Spirit and with power, who went about doing good and healing all who were oppressed by the devil, for God was with Him. Acts 10:38

7월 3일

이스라엘 사람들아 이 말을 들으라 너희도 아는 바와 같이 하나님께서 나사렛 예수로 큰 권능과 기사와 표적을 너희 가운데서 베푸사 너희 앞에서 그를 증언하셨느니라 사도행전 2:22

"Men of Israel, hear these words: Jesus of Nazareth, a Man attested by God to you by miracles, wonders, and signs which God did through Him in your midst, as you yourselves also know." Acts 2:22

7월 4일

예수께서 온 갈릴리에 두루 다니사 그들의 회당에서 가르치시며 천국 복음을 전파하시며 백성 중의 모든 병과 모든 약한 것을 고치시니 그의 소문이 온 수리아에 퍼진지라 사람들이 모든 앓는 자 곧 각종 병에 걸려서 고통 당하는 자, 귀신 들린 자, 간질하는 자, 중풍병자들을 데려오니 그들을 고치시더라
마태복음 4:23-24

And Jesus went about all Galilee, teaching in their synagogues, preaching the gospel of the kingdom, and healing all kinds of sickness and all kinds of disease among the people. Then His fame went throughout all Syria; and they brought to Him all sick people who were afflicted with various diseases and torments, and those who were demon-possessed, epileptics, and paralytics; and He healed them. Matthew 4:23-24

하나님 나라에 관해 가르치심

7월 5일

그런즉 너희는 먼저 그의 나라와 그의 의를 구하라
그리하면 이 모든 것을 너희에게 더하시리라

마태복음 6:33

But seek first the kingdom of God and His
righteousness, and all these things shall be added
to you. Matthew 6:33

7월 6일

그러나 내가 하나님의 성령을 힘입어 귀신을 쫓아니
는 것이면 하나님의 나라가 이미 너희에게 임하였느
니라 마태복음 12:28

But if I cast out demons by the Spirit of God, surely
the kingdom of God has come upon you.
Matthew 12:28

7월 7일

그가 고난 받으신 후에 또한 그들에게 확실한 많은 증거로 친히 살아 계심을 나타내사 사십 일 동안 그들에게 보이시며 하나님 나라의 일을 말씀하시니라

사도행전 1:3

To whom He also presented Himself alive after His suffering by many infallible proofs, being seen by them during forty days and speaking of the things pertaining to the kingdom of God. Acts 1:3

7월 8일

하나님의 나라는 먹는 것과 마시는 것이 아니요 오직 성령 안에 있는 의와 평강과 희락이라 로마서 14:17

For the kingdom of God is not eating and drinking, but righteousness and peace and joy in the Holy Spirit. Romans 14:17

복음 전파를 명하심

7월 9일

또 이르시되 너희는 온 천하에 다니며 만민에게 복음을 전파하라 마가복음 16:15

And He said to them, "Go into all the world and preach the gospel to every creature." Mark 16:15

7월 10일

내가 아버지께로부터 너희에게 보낼 보혜사 곧 아버지께로부터 나오시는 진리의 성령이 오실 때에 그가 나를 증언하실 것이요 너희도 처음부터 나와 함께 있었으므로 증언하느니라 요한복음 15:26-27

"But when the Helper comes, whom I shall send to you from the Father, the Spirit of truth who proceeds from the Father, He will testify of Me. And you also will bear witness, because you have been with Me from the beginning." John 15:26-27

우리의 죄를 대속하심

7월 11일

우리는 다 양 같아서 그릇 행하여 각기 제 길로 갔거늘 야훼께서는 우리 모두의 죄악을 그에게 담당시키셨도다 이사야 53:6

All we like sheep have gone astray; we have turned, every one, to his own way; and the LORD has laid on Him the iniquity of us all. Isaiah 53:6

7월 12일

그리하면 그가 세상을 창조한 때부터 자주 고난을 받았어야 할 것이로되 이제 자기를 단번에 제물로 드려 죄를 없이 하시려고 세상 끝에 나타나셨느니라

히브리서 9:26

He then would have had to suffer often since the foundation of the world; but now, once at the end of the ages, He has appeared to put away sin by the sacrifice of Himself. Hebrews 9:26

7월 13일

우리가 아직 죄인 되었을 때에 그리스도께서 우리를 위하여 죽으심으로 하나님께서 우리에 대한 자기의 사랑을 확증하셨느니라 로마서 5:8

But God demonstrates His own love toward us, in that while we were still sinners, Christ died for us.
Romans 5:8

7월 14일

하나님이 죄를 알지도 못하신 이를 우리를 대신하여 죄로 삼으신 것은 우리로 하여금 그 안에서 하나님의 의가 되게 하려 하심이라 고린도후서 5:21

For He made Him who knew no sin to be sin for us, that we might become the righteousness of God in Him. 2 Corinthians 5:21

7월 15일

또 범죄와 육체의 무할례로 죽었던 너희를 하나님이
그와 함께 살리시고 우리의 모든 죄를 사하시고

골로새서 2:13

And you, being dead in your trespasses and the
uncircumcision of your flesh, He has made alive
together with Him, having forgiven you all
trespasses. Colossians 2:13

7월 16일

이것은 죄 사함을 얻게 하려고 많은 사람을 위하여
흘리는 바 나의 피 곧 언약의 피니라 마태복음 26:28

For this is My blood of the new covenant, which is
shed for many for the remission of sins.

Matthew 26:28

7월 17일

그는 우리 죄를 위한 화목 제물이니 우리만 위할 뿐 아니요 온 세상의 죄를 위하심이라 요한1서 2:2

And He Himself is the propitiation for our sins, and not for ours only but also for the whole world.

1 John 2:2

7월 18일

이와 같이 그리스도도 많은 사람의 죄를 담당하시려고 단번에 드리신 바 되셨고 구원에 이르게 하기 위하여 죄와 상관 없이 자기를 바라는 자들에게 두 번째 나타나시리라 히브리서 9:28

So Christ was offered once to bear the sins of many. To those who eagerly wait for Him He will appear a second time, apart from sin, for salvation.

Hebrews 9:28

죽음의 권세를 이기시고 부활하심

7월 19일

예수는 우리가 범죄한 것 때문에 내줌이 되고 또한 우리를 의롭다 하시기 위하여 살아나셨느니라

로마서 4:25

Who was delivered up because of our offenses, and was raised because of our justification.

Romans 4:25

7월 20일

이는 그리스도께서 죽은 자 가운데서 살아나셨으매 다시 죽지 아니하시고 사망이 다시 그를 주장하지 못할 줄을 앎이로라 로마서 6:9

Knowing that Christ, having been raised from the dead, dies no more. Death no longer has dominion over Him. Romans 6:9

7월 21일

하나님께서 그를 사망의 고통에서 풀어 살리셨으니
이는 그가 사망에 매여 있을 수 없었음이라
사도행전 2:24

Whom God raised up, having loosed the pains of
death, because it was not possible that He should
be held by it. Acts 2:24

7월 22일

이는 내 영혼을 음부에 버리지 아니하시며 주의 거룩
한 자로 썩음을 당하지 않게 하실 것임이로다 주께서
생명의 길을 내게 보이셨으니 주 앞에서 내게 기쁨이
충만하게 하시리로다 하였으므로 사도행전 2:27-28

For You will not leave my soul in Hades, nor will
You allow Your Holy One to see corruption. You
have made known to me the ways of life; You will
make me full of joy in Your presence. Acts 2:27-28

7월 23일

이 예수를 하나님이 살리신지라 우리가 다 이 일에
증인이로다 사도행전 2:32

This Jesus God has raised up, of which we are all
witnesses. Acts 2:32

예수님의 승천과 재림

7월 24일

믿음의 주요 또 온전하게 하시는 이인 예수를 바라보자 그는 그 앞에 있는 기쁨을 위하여 십자가를 참으사 부끄러움을 개의치 아니하시더니 하나님 보좌 우편에 앉으셨느니라 히브리서 12:2

Looking unto Jesus, the author and finisher of our faith, who for the joy that was set before Him endured the cross, despising the shame, and has sat down at the right hand of the throne of God.

Hebrews 12:2

7월 25일

허물로 죽은 우리를 그리스도와 함께 살리셨고 (너희는 은혜로 구원을 받은 것이라) 또 함께 일으키사 그리스도 예수 안에서 함께 하늘에 앉히시니

에베소서 2:5-6

Even when we were dead in trespasses, made us alive together with Christ (by grace you have been saved), and raised us up together, and made us sit together in the heavenly places in Christ Jesus.

Ephesians 2:5-6

이러므로 하나님이 그를 지극히 높여 모든 이름 위에 뛰어난 이름을 주사 하늘에 있는 자들과 땅에 있는 자들과 땅 아래에 있는 자들로 모든 무릎을 예수의 이름에 꿇게 하시고 모든 입으로 예수 그리스도를 주라 시인하여 하나님 아버지께 영광을 돌리게 하셨느니라 빌립보서 2:9-11

Therefore God also has highly exalted Him and given Him the name which is above every name, that at the name of Jesus every knee should bow, of those in heaven, and of those on earth, and of those under the earth, and that every tongue should confess that Jesus Christ is Lord, to the glory of God the Father. Philippians 2:9-11

7월 27일

이 말씀을 마치시고 그들이 보는데 올려져 가시니 구름이 그를 가리어 보이지 않게 하더라 올라가실 때에 제자들이 자세히 하늘을 쳐다보고 있는데 흰 옷 입은 두 사람이 그들 곁에 서서 이르되 갈릴리 사람들아 어찌하여 서서 하늘을 쳐다보느냐 너희 가운데서 하늘로 올려지신 이 예수는 하늘로 가심을 본 그대로 오시리라 하였느니라 사도행전 1:9-11

Now when He had spoken these things, while they watched, He was taken up, and a cloud received Him out of their sight. And while they looked steadfastly toward heaven as He went up, behold, two men stood by them in white apparel, who also said, "Men of Galilee, why do you stand gazing up into heaven? This same Jesus, who was taken up from you into heaven, will so come in like manner as you saw Him go into heaven." Acts 1:9-11

7월 28일

주께서 호령과 천사장의 소리와 하나님의 나팔 소리로 친히 하늘로부터 강림하시리니 그리스도 안에서 죽은 자들이 먼저 일어나고 데살로니가전서 4:16

For the Lord Himself will descend from heaven with a shout, with the voice of an archangel, and with the trumpet of God. And the dead in Christ will rise first. 1 Thessalonians 4:16

7월 29일

이와 같이 그리스도도 많은 사람의 죄를 담당하시려고 단번에 드리신 바 되셨고 구원에 이르게 하기 위하여 죄와 상관 없이 자기를 바라는 자들에게 두 번째 나타나시리라 히브리서 9:28

So Christ was offered once to bear the sins of many. To those who eagerly wait for Him He will appear a second time, apart from sin, for salvation. Hebrews 9:28

7월 30일

내가 알기에는 나의 대속자가 살아 계시니 마침내 그가 땅 위에 서실 것이라 욥기 19:25

For I know that my Redeemer lives, and He shall stand at last on the earth. Job 19:25

7월 31일

이것들을 증언하신 이가 이르시되 내가 진실로 속히 오리라 하시거늘 아멘 주 예수여 오시옵소서

요한계시록 22:20

He who testifies to these things says, "Surely I am coming quickly." Amen. Even so, come, Lord Jesus! Revelation 22:20

chapter 05

†

성령의 사역

The Work of Holy Spirit

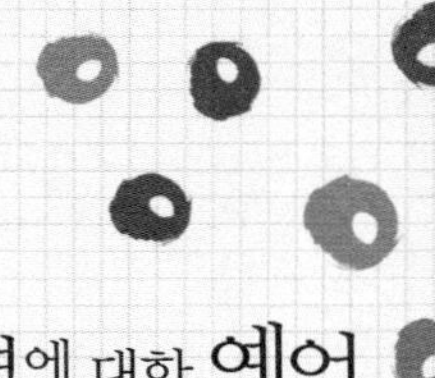

8월

성령에 대한 예언

8월 1일

내가 아버지께 구하겠으니 그가 또 다른 보혜사를 너희에게 주사 영원토록 너희와 함께 있게 하리니 그는 진리의 영이라 세상은 능히 그를 받지 못하나니 이는 그를 보지도 못하고 알지도 못함이라 그러나 너희는 그를 아나니 그는 너희와 함께 거하심이요 또 너희 속에 계시겠음이라 요한복음 14:16-17

And I will pray the Father, and He will give you another Helper, that He may abide with you forever— the Spirit of truth, whom the world cannot receive, because it neither sees Him nor knows Him; but you know Him, for He dwells with you and will be in you. John 14:16-17

8월 2일

바람이 임의로 불매 네가 그 소리는 들어도 어디서 와서 어디로 가는지 알지 못하나니 성령으로 난 사람도 다 그러하니라 요한복음 3:8

"The wind blows where it wishes, and you hear the sound of it, but cannot tell where it comes from and where it goes. So is everyone who is born of the Spirit." John 3:8

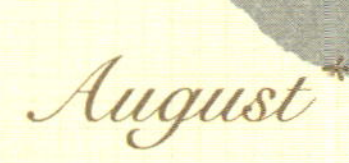

8월 3일

하나님이 말씀하시기를 말세에 내가 내 영을 모든 육체에 부어 주리니 너희의 자녀들은 예언할 것이요 너희의 젊은이들은 환상을 보고 너희의 늙은이들은 꿈을 꾸리라 그 때에 내가 내 영을 내 남종과 여종들에게 부어 주리니 그들이 예언할 것이요

사도행전 2:17-18

'And it shall come to pass in the last days, says God, that I will pour out of My Spirit on all flesh; your sons and your daughters shall prophesy, your young men shall see visions, your old men shall dream dreams. And on My menservants and on My maidservants I will pour out My Spirit in those days; And they shall prophesy.' Acts 2:17-18

8월 4일

그러나 진리의 성령이 오시면 그가 너희를 모든 진리 가운데로 인도하시리니 그가 스스로 말하지 않고 오직 들은 것을 말하며 장래 일을 너희에게 알리시리라 요한복음 16:13

However, when He, the Spirit of truth, has come, He will guide you into all truth; for He will not speak on His own authority, but whatever He hears He will speak; and He will tell you things to come. John 16:13

8월

성령의 사역_
세례 강림 충만 은사 신유

8월 5일

나는 너희로 회개하게 하기 위하여 물로 세례를 베풀거니와 내 뒤에 오시는 이는 나보다 능력이 많으시니 나는 그의 신을 들기도 감당하지 못하겠노라 그는 성령과 불로 너희에게 세례를 베푸실 것이요

마태복음 3:11

I indeed baptize you with water unto repentance, but He who is coming after me is mightier than I, whose sandals I am not worthy to carry. He will baptize you with the Holy Spirit and fire.

Matthew 3:11

8월 6일

요한이 또 증언하여 이르되 내가 보매 성령이 비둘기 같이 하늘로부터 내려와서 그의 위에 머물렀더라 요한복음 1:32

And John bore witness, saying, "I saw the Spirit descending from heaven like a dove, and He remained upon Him." John 1:32

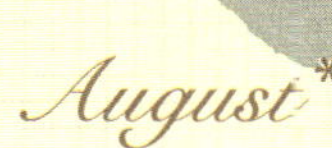

8월 7일

하나님이 오른손으로 예수를 높이시매 그가 약속하
신 성령을 아버지께 받아서 너희가 보고 듣는 이것
을 부어 주셨느니라 사도행전 2:33

Therefore being exalted to the right hand of God,
and having received from the Father the promise
of the Holy Spirit, He poured out this which you
now see and hear. Acts 2:33

8월 8일

바울이 그들에게 안수하매 성령이 그들에게 임하시
므로 방언도 하고 예언도 하니 사도행전 19:6

And when Paul had laid hands on them, the Holy
Spirit came upon them, and they spoke with
tongues and prophesied. Acts 19:6

8월

8월 9일

예수께서 대답하시되 진실로 진실로 네게 이르노니 사람이 물과 성령으로 나지 아니하면 하나님의 나라에 들어갈 수 없느니라 육으로 난 것은 육이요 영으로 난 것은 영이니 내가 네게 거듭나야 하겠다 하는 말을 놀랍게 여기지 말라 요한복음 3:5-7

Jesus answered, "Most assuredly, I say to you, unless one is born of water and the Spirit, he cannot enter the kingdom of God. That which is born of the flesh is flesh, and that which is born of the Spirit is spirit. Do not marvel that I said to you, 'You must be born again.' " John 3:5-7

8월 10일

예수를 죽은 자 가운데서 살리신 이의 영이 너희 안에 거하시면 그리스도 예수를 죽은 자 가운데서 살리신 이가 너희 안에 거하시는 그의 영으로 말미암아 너희 죽을 몸도 살리시리라 로마서 8:11

But if the Spirit of Him who raised Jesus from the dead dwells in you, He who raised Christ from the dead will also give life to your mortal bodies through His Spirit who dwells in you. Romans 8:11

8월 11일

베드로가 이르되 너희가 회개하여 각각 예수 그리
스도의 이름으로 세례를 받고 죄 사함을 받으라 그
리하면 성령의 선물을 받으리니 사도행전 2:38

Then Peter said to them, "Repent, and let every
one of you be baptized in the name of Jesus
Christ for the remission of sins; and you shall
receive the gift of the Holy Spirit." Acts 2:38

8월 12일

홀연히 하늘로부터 급하고 강한 바람 같은 소리가
있어 그들이 앉은 온 집에 가득하며 마치 불의 혀
처럼 갈라지는 것들이 그들에게 보여 각 사람 위에
하나씩 임하여 있더니 그들이 다 성령의 충만함을
받고 성령이 말하게 하심을 따라 다른 언어들로 말
하기를 시작하니라 사도행전 2:2-4

And suddenly there came a sound from heaven,
as of a rushing mighty wind, and it filled the
whole house where they were sitting. Then there
appeared to them divided tongues, as of fire, and
one sat upon each of them. And they were all
filled with the Holy Spirit and began to speak
with other tongues, as the Spirit gave them
utterance. Acts 2:2-4

8월

8월 13일

나를 믿는 자는 성경에 이름과 같이 그 배에서 생수의 강이 흘러나오리라 하시니 이는 그를 믿는 자들이 받을 성령을 가리켜 말씀하신 것이라 (예수께서 아직 영광을 받지 않으셨으므로 성령이 아직 그들에게 계시지 아니하시더라) 요한복음 7:38-39

"He who believes in Me, as the Scripture has said, out of his heart will flow rivers of living water." But this He spoke concerning the Spirit, whom those believing in Him would receive; for the Holy Spirit was not yet given, because Jesus was not yet glorified. John 7:38-39

8월 14일

마음을 살피시는 이가 성령의 생각을 아시나니 이는 성령이 하나님의 뜻대로 성도를 위하여 간구하심이니라 로마서 8:27

Now He who searches the hearts knows what the mind of the Spirit is, because He makes intercession for the saints according to the will of God. Romans 8:27

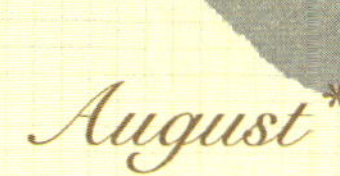

8월 15일

성령을 소멸하지 말며 예언을 멸시하지 말고 범사에 헤아려 좋은 것을 취하고 악은 어떤 모양이라도 버리라 데살로니가전서 5:19–22

Do not quench the Spirit. Do not despise prophecies. Test all things; hold fast what is good. Abstain from every form of evil.
1 Thessalonians 5:19–22

8월 16일

그런즉 내 형제들아 예언하기를 사모하며 방언 말하기를 금하지 말라 고린도전서 14:39

Therefore, brethren, desire earnestly to prophesy, and do not forbid to speak with tongues.
1 Corinthians 14:39

8월

8월 17일

그러면 어떻게 할까 내가 영으로 기도하고 또 마음으로 기도하며 내가 영으로 찬송하고 또 마음으로 찬송하리라 고린도전서 14:15

What is the conclusion then? I will pray with the spirit, and I will also pray with the understanding. I will sing with the spirit, and I will also sing with the understanding. 1 Corinthians 14:15

8월 18일

그가 내게 대답하여 이르되 야훼께서 스룹바벨에게 하신 말씀이 이러하니라 만군의 야훼께서 말씀하시되 이는 힘으로 되지 아니하며 능력으로 되지 아니하고 오직 나의 영으로 되느니라 스가랴 4:6

So he answered and said to me: "This is the word of the LORD to Zerubbabel: 'Not by might nor by power, but by My Spirit,' Says the LORD of hosts. Zechariah 4:6

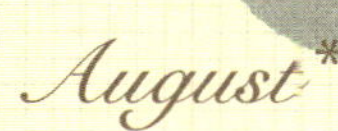

8월 19일

은사는 여러 가지나 성령은 같고 직분은 여러 가지
나 주는 같으며 또 사역은 여러 가지나 모든 것을
모든 사람 가운데서 이루시는 하나님은 같으니 각
사람에게 성령을 나타내심은 유익하게 하려 하심
이라 고린도전서 12:4-7

There are diversities of gifts, but the same Spirit.
There are differences of ministries, but the same
Lord. And there are diversities of activities, but it
is the same God who works all in all. But the
manifestation of the Spirit is given to each one for
the profit of all. 1 Corinthians 12:4-7

8월 20일

너희는 더욱 큰 은사를 사모하라 내가 또한 가장
좋은 길을 너희에게 보이리라 고린도전서 12:31

But earnestly desire the best gifts. And yet I show
you a more excellent way. 1 Corinthians 12:31

8월

8월 21일

우리에게 주신 은혜대로 받은 은사가 각각 다르니 혹 예언이면 믿음의 분수대로, 혹 섬기는 일이면 섬기는 일로, 혹 가르치는 자면 가르치는 일로, 혹 위로하는 자면 위로하는 일로, 구제하는 자는 성실함으로, 다스리는 자는 부지런함으로, 긍휼을 베푸는 자는 즐거움으로 할 것이니라 로마서 12:6-8

Having then gifts differing according to the grace that is given to us, let us use them: if prophecy, let us prophesy in proportion to our faith; or ministry, let us use it in our ministering; he who teaches, in teaching; he who exhorts, in exhortation; he who gives, with liberality; he who leads, with diligence; he who shows mercy, with cheerfulness. Romans 12:6-8

8월 22일

온갖 좋은 은사와 온전한 선물이 다 위로부터 빛들의 아버지께로부터 내려오나니 그는 변함도 없으시고 회전하는 그림자도 없으시니라 야고보서 1:17

Every good gift and every perfect gift is from above, and comes down from the Father of lights, with whom there is no variation or shadow of turning. James 1:17

8월 23일

이에 예수께서 대답하여 이르시되 여자여 네 믿음
이 크도다 네 소원대로 되리라 하시니 그 때로부터
그의 딸이 나으니라 마태복음 15:28

Then Jesus answered and said to her, "O woman,
great is your faith! Let it be to you as you desire."
And her daughter was healed from that very hour.
Matthew 15:28

8월 24일

네 하나님 야훼를 섬기라 그리하면 야훼가 너희의
양식과 물에 복을 내리고 너희 중에서 병을 제하리
니 출애굽기 23:25

"So you shall serve the LORD your God, and He
will bless your bread and your water. And I will
take sickness away from the midst of you."
Exodus 23:25

8월

August *

8월 25일

너는 돌아가서 내 백성의 주권자 히스기야에게 이
르기를 왕의 조상 다윗의 하나님 야훼의 말씀이 내
가 네 기도를 들었고 네 눈물을 보았노라 내가 너
를 낫게 하리니 네가 삼 일 만에 야훼의 성전에 올
라가겠고 열왕기하 20:5

"Return and tell Hezekiah the leader of My
people, 'Thus says the LORD, the God of David
your father: "I have heard your prayer, I have
seen your tears; surely I will heal you. On the
third day you shall go up to the house of the
LORD."'" 2 Kings 20:5

8월 26일

내 이름을 경외하는 너희에게는 공의로운 해가 떠
올라서 치료하는 광선을 비추리니 너희가 나가서
외양간에서 나온 송아지 같이 뛰리라 말라기 4:2

But to you who fear My name the Sun of
Righteousness shall arise with healing in His
wings; and you shall go out and grow fat like
stall-fed calves. Malachi 4:2

8월 27일

야훼께서 애굽을 치실지라도 치시고는 고치실 것이
므로 그들이 야훼께로 돌아올 것이라 야훼께서 그들
의 간구함을 들으시고 그들을 고쳐 주시리라
이사야 19:22

And the LORD will strike Egypt, He will strike and
heal it; they will return to the LORD, and He will
be entreated by them and heal them. Isaiah 19:22

8월 28일

그러나 보라 내가 이 성읍을 치료하며 고쳐 낫게
하고 평안과 진실이 풍성함을 그들에게 나타낼 것
이며 예레미야 33:6

Behold, I will bring it health and healing; I will
heal them and reveal to them the abundance of
peace and truth. Jeremiah 33:6

8월 29일

주의 성령이 내게 임하셨으니 이는 가난한 자에게 복
음을 전하게 하시려고 내게 기름을 부으시고 나를 보
내사 포로 된 자에게 자유를, 눈 먼 자에게 다시 보게
함을 전파하며 눌린 자를 자유롭게 하고 누가복음 4:18

"The Spirit of the LORD is upon Me, because He
has anointed Me to preach the gospel to the poor;
He has sent Me to heal the brokenhearted, to
proclaim liberty to the captives and recovery of
sight to the blind, to set at liberty those who are
oppressed." Luke 4:18

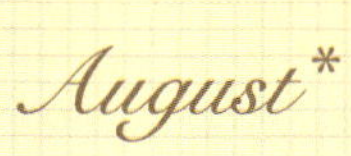

August

8월 30일

믿는 자들에게는 이런 표적이 따르리니 곧 그들이 내 이름으로 귀신을 쫓아내며 새 방언을 말하며 뱀을 집어올리며 무슨 독을 마실지라도 해를 받지 아니하며 병든 사람에게 손을 얹은즉 나으리라 하시더라 마가복음 16:17-18

"And these signs will follow those who believe: In My name they will cast out demons; they will speak with new tongues; they will take up serpents; and if they drink anything deadly, it will by no means hurt them; they will lay hands on the sick, and they will recover." Mark 16:17-18

8월 31일

그러므로 너희 죄를 서로 고백하며 병이 낫기를 위하여 서로 기도하라 의인의 간구는 역사하는 힘이 큼이니라 야고보서 5:16

Confess your trespasses to one another, and pray for one another, that you may be healed. The effective, fervent prayer of a righteous man avails much. James 5:16

9월 September*

성령으로 세워지는 교회_ 확장되는 복음

9월 1일

하나님을 찬미하며 또 온 백성에게 칭송을 받으니
주께서 구원 받는 사람을 날마다 더하게 하시니라

사도행전 2:47

Praising God and having favor with all the people. And the Lord added to the church daily those who were being saved. Acts 2:47

9월 2일

바나바가 사울을 찾으러 다소에 가서 만나매 안디
옥에 데리고 와서 둘이 교회에 일 년간 모여 있어
큰 무리를 가르쳤고 제자들이 안디옥에서 비로소
그리스도인이라 일컬음을 받게 되었더라

사도행전 11:25-26

Then Barnabas departed for Tarsus to seek Saul. And when he had found him, he brought him to Antioch. So it was that for a whole year they assembled with the church and taught a great many people. And the disciples were first called Christians in Antioch. Acts 11:25-26

9_월

9월 3일

말씀을 들은 사람 중에 믿는 자가 많으니 남자의 수가 약 오천이나 되었더라 _{사도행전 4:4}

However, many of those who heard the word believed; and the number of the men came to be about five thousand. Acts 4:4

9월 4일

하나님의 말씀이 점점 왕성하여 예루살렘에 있는 제자의 수가 더 심히 많아지고 허다한 제사장의 무리도 이 도에 복종하니라 _{사도행전 6:7}

Then the word of God spread, and the number of the disciples multiplied greatly in Jerusalem, and a great many of the priests were obedient to the faith. Acts 6:7

9월 5일

그들이 듣고 하나님께 영광을 돌리고 바울더러 이르되 형제여 그대도 보는 바에 유대인 중에 믿는 자 수만 명이 있으니 다 율법에 열성을 가진 자라

사도행전 21:20

And when they heard it, they glorified the Lord. And they said to him, "You see, brother, how many myriads of Jews there are who have believed, and they are all zealous for the law."

Acts 21:20

9월 6일

이와 같이 주의 말씀이 힘이 있어 흥왕하여 세력을 얻으니라 사도행전 19:20

So the word of the Lord grew mightily and prevailed. Acts 19:20

9월

성령으로 세워지는 교회 _ 환란과 축복

9월 7일

의를 위하여 박해를 받은 자는 복이 있나니 천국이 그들의 것임이라 마태복음 5:10

Blessed are those who are persecuted for righteousness' sake, For theirs is the kingdom of heaven. Matthew 5:10

9월 8일

이에 유대인들이 경건한 귀부인들과 그 시내 유력자들을 선동하여 바울과 바나바를 박해하게 하여 그 지역에서 쫓아내니 두 사람이 그들을 향하여 발의 티끌을 떨어 버리고 이고니온으로 가거늘 제자들은 기쁨과 성령이 충만하니라 사도행전 13:50-52

But the Jews stirred up the devout and prominent women and the chief men of the city, raised up persecution against Paul and Barnabas, and expelled them from their region. But they shook off the dust from their feet against them, and came to Iconium. And the disciples were filled with joy and with the Holy Spirit. Acts 13:50-52

9월 9일

나로 말미암아 너희를 욕하고 박해하고 거짓으로 너희를 거슬러 모든 악한 말을 할 때에는 너희에게 복이 있나니 기뻐하고 즐거워하라 하늘에서 너희의 상이 큼이라 너희 전에 있던 선지자들도 이같이 박해하였느니라 마태복음 5:11-12

"Blessed are you when they revile and persecute you, and say all kinds of evil against you falsely for My sake. Rejoice and be exceedingly glad, for great is your reward in heaven, for so they persecuted the prophets who were before you." Matthew 5:11-12

9월 10일

우리가 환난 당하는 것도 너희가 위로와 구원을 받게 하려는 것이요 우리가 위로를 받는 것도 너희가 위로를 받게 하려는 것이니 이 위로가 너희 속에 역사하여 우리가 받는 것 같은 고난을 너희도 견디게 하느니라 고린도후서 1:6

Now if we are afflicted, it is for your consolation and salvation, which is effective for enduring the same sufferings which we also suffer. Or if we are comforted, it is for your consolation and salvation. 2 Corinthians 1:6

9월

9월 11일

인자로 말미암아 사람들이 너희를 미워하며 멀리하고 욕하고 너희 이름을 악하다 하여 버릴 때에는 너희에게 복이 있도다 그 날에 기뻐하고 뛰놀라 하늘에서 너희 상이 큼이라 그들의 조상들이 선지자들에게 이와 같이 하였느니라 누가복음 6:22-23

Blessed are you when men hate you, and when they exclude you, and revile you, and cast out your name as evil, for the Son of Man's sake. Rejoice in that day and leap for joy! For indeed your reward is great in heaven, for in like manner their fathers did to the prophets.
Luke 6:22-23

9월 12일

그러므로 내가 그리스도를 위하여 약한 것들과 능욕과 궁핍과 박해와 곤고를 기뻐하노니 이는 내가 약한 그 때에 강함이라 고린도후서 12:10

Therefore I take pleasure in infirmities, in reproaches, in needs, in persecutions, in distresses, for Christ's sake. For when I am weak, then I am strong. 2 Corinthians 12:10

성령으로 세워지는 교회_ 부르짖는 기도

9월 13일

내가 환난 중에서 야훼께 아뢰며 나의 하나님께 부르짖었더니 그가 그의 성전에서 내 소리를 들으심이여 그의 앞에서 나의 부르짖음이 그의 귀에 들렸도다 시편 18:6

In my distress I called upon the LORD, and cried out to my God; He heard my voice from His temple, and my cry came before Him, even to His ears. Psalm 18:6

9월 14일

너희가 내게 부르짖으며 내게 와서 기도하면 내가 너희들의 기도를 들을 것이요 예레미야 29:12

Then you will call upon Me and go and pray to Me, and I will listen to you. Jeremiah 29:12

9월 15일

내가 야훼를 기다리고 기다렸더니 귀를 기울이사 나의 부르짖음을 들으셨도다 나를 기가 막힐 웅덩이와 수렁에서 끌어올리시고 내 발을 반석 위에 두사 내 걸음을 견고하게 하셨도다  시편 40:1-2

I waited patiently for the LORD; and He inclined to me, and heard my cry. He also brought me up out of a horrible pit, out of the miry clay, and set my feet upon a rock, and established my steps.
Psalm 40:1-2

9월 16일

너는 내게 부르짖으라 내가 네게 응답하겠고 네가 알지 못하는 크고 은밀한 일을 네게 보이리라
예레미야 33:3

'Call to Me, and I will answer you, and show you great and mighty things, which you do not know.' Jeremiah 33:3

성령으로 세워지는 교회_
하나님을 전적으로 의지

9월 17일

사도들이 놓이매 그 동료에게 가서 제사장들과 장로들의 말을 다 알리니 그들이 듣고 한마음으로 하나님께 소리를 높여 이르되 대주재여 천지와 바다와 그 가운데 만물을 지은 이시요 사도행전 4:23-24

And being let go, they went to their own companions and reported all that the chief priests and elders had said to them. So when they heard that, they raised their voice to God with one accord and said: "Lord, You are God, who made heaven and earth and the sea, and all that is in them." Acts 4:23-24

9월 18일

네 길을 야훼께 맡기라 그를 의지하면 그가 이루시고 시편 37:5

Commit your way to the LORD, trust also in Him, and He shall bring it to pass. Psalm 37:5

September

9월 19일

의의 제사를 드리고 야훼를 의지할지어다 시편 4:5

Offer the sacrifices of righteousness, and put your trust in the LORD. Psalm 4:5

9월 20일

만민이 각각 자기의 신의 이름을 의지하여 행하되 오직 우리는 우리 하나님 야훼의 이름을 의지하여 영원히 행하리로다 미가 4:5

For all people walk each in the name of his god, but we will walk in the name of the LORD our God forever and ever. Micah 4:5

9월 21일

빌기를 다하매 모인 곳이 진동하더니 무리가 다 성령이 충만하여 담대히 하나님의 말씀을 전하니라 사도행전 4:31

And when they had prayed, the place where they were assembled together was shaken; and they were all filled with the Holy Spirit, and they spoke the word of God with boldness. Acts 4:31

9월 22일

내가 다시는 야훼를 선포하지 아니하며 그의 이름으로 말하지 아니하리라 하면 나의 마음이 불붙는 것 같아서 골수에 사무치니 답답하여 견딜 수 없나이다 예레미야 20:9

Then I said, "I will not make mention of Him, nor speak anymore in His name." But His word was in my heart like a burning fire shut up in my bones; I was weary of holding it back, and I could not. Jeremiah 20:9

9월 23일

스데반이 지혜와 성령으로 말함을 그들이 능히 당하지 못하여 사도행전 6:10

And they were not able to resist the wisdom and the Spirit by which he spoke. Acts 6:10

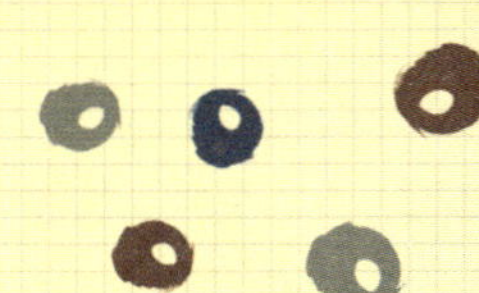

9월

성령으로 세워지는 교회_ 하나 됨

9월 24일

믿는 사람이 다 함께 있어 모든 물건을 서로 통용하고 또 재산과 소유를 팔아 각 사람의 필요를 따라 나눠 주며 날마다 마음을 같이하여 성전에 모이기를 힘쓰고 집에서 떡을 떼며 기쁨과 순전한 마음으로 음식을 먹고 사도행전 2:44-46

Now all who believed were together, and had all things in common, and sold their possessions and goods, and divided them among all, as anyone had need. So continuing daily with one accord in the temple, and breaking bread from house to house, they ate their food with gladness and simplicity of heart. Acts 2:44-46

9월 25일

평안의 매는 줄로 성령이 하나 되게 하신 것을 힘써 지키라 에베소서 4:3

Endeavoring to keep the unity of the Spirit in the bond of peace. Ephesians 4:3

9월 26일

모이기를 폐하는 어떤 사람들의 습관과 같이 하지 말고 오직 권하여 그 날이 가까움을 볼수록 더욱 그리하자 히브리서 10:25

Not forsaking the assembling of ourselves together, as is the manner of some, but exhorting one another, and so much the more as you see the Day approaching. Hebrews 10:25

9월 27일

두세 사람이 내 이름으로 모인 곳에는 나도 그들 중에 있느니라 마태복음 18:20

"For where two or three are gathered together in My name, I am there in the midst of them." Matthew 18:20

9월 28일

그들이 사도의 가르침을 받아 서로 교제하고 떡을 떼며 오로지 기도하기를 힘쓰니라 사도행전 2:42

And they continued steadfastly in the apostles' doctrine and fellowship, in the breaking of bread, and in prayers. Acts 2:42

성령으로 세워지는 교회_
문제를 해결하고 든든히 서감

9월 29일

너희 안에서 행하시는 이는 하나님이시니 자기의 기쁘신 뜻을 위하여 너희에게 소원을 두고 행하게 하시나니 모든 일을 원망과 시비가 없이 하라

빌립보서 2:13-14

For it is God who works in you both to will and to do for His good pleasure. Do all things without complaining and disputing. Philippians 2:13-14

9월 30일

그러므로 예물을 제단에 드리려다가 거기서 네 형제에게 원망들을 만한 일이 있는 것이 생각나거든 예물을 제단 앞에 두고 먼저 가서 형제와 화목하고 그 후에 와서 예물을 드리라 마태복음 5:23-24

Therefore if you bring your gift to the altar, and there remember that your brother has something against you, leave your gift there before the altar, and go your way. First be reconciled to your brother, and then come and offer your gift.

Matthew 5:23-24

chapter 06

제자의 사명

The Mission of disciple

자기 십자가를 지고
그리스도를 따르는 사람

10월 1일

내가 그리스도와 함께 십자가에 못 박혔나니 그런즉
이제는 내가 사는 것이 아니요 오직 내 안에 그리스
도께서 사시는 것이라 이제 내가 육체 가운데 사는
것은 나를 사랑하사 나를 위하여 자기 자신을 버리신
하나님의 아들을 믿는 믿음 안에서 사는 것이라

갈라디아서 2:20

I have been crucified with Christ; it is no longer I
who live, but Christ lives in me; and the life which I
now live in the flesh I live by faith in the Son of
God, who loved me and gave Himself for me.

Galatians 2:20

10월 2일

무리와 제자들을 불러 이르시되 누구든지 나를 따라
오려거든 자기를 부인하고 자기 십자가를 지고 나를
따를 것이니라 마가복음 8:34

When He had called the people to Himself, with
His disciples also, He said to them, "Whoever
desires to come after Me, let him deny himself, and
take up his cross, and follow Me." Mark 8:34

10월 3일

내가 또 주의 목소리를 들으니 주께서 이르시되 내가
누구를 보내며 누가 우리를 위하여 갈꼬 하시니 그
때에 내가 이르되 내가 여기 있나이다 나를 보내소서
하였더니 이사야 6:8

Also I heard the voice of the Lord, saying: "Whom
shall I send, and who will go for Us?" Then I said,
"Here am I! Send me." Isaiah 6:8

10월 4일

예수께서 또 이르시되 너희에게 평강이 있을지어다
아버지께서 나를 보내신 것 같이 나도 너희를 보내
노라 요한복음 20:21

So Jesus said to them again, "Peace to you! As the
Father has sent Me, I also send you." John 20:21

10월 5일

너는 마음을 다하여 야훼를 신뢰하고 네 명철을 의지하지 말라 잠언 3:5

Trust in the LORD with all your heart, and lean not on your own understanding. Proverbs 3:5

10월 6일

누구든지 제 목숨을 구원하고자 하면 잃을 것이요 누구든지 나를 위하여 제 목숨을 잃으면 구원하리라 사람이 만일 온 천하를 얻고도 자기를 잃든지 빼앗기든지 하면 무엇이 유익하리요 누가복음 9:24-25

For whoever desires to save his life will lose it, but whoever loses his life for My sake will save it. For what profit is it to a man if he gains the whole world, and is himself destroyed or lost? Luke 9:24-25

10월 7일

그리스도 예수의 사람들은 육체와 함께 그 정욕과 탐심을 십자가에 못 박았느니라 갈라디아서 5:24

And those who are Christ's have crucified the flesh with its passions and desires. Galatians 5:24

10월 8일

우리 중에 누구든지 자기를 위하여 사는 자가 없고 자기를 위하여 죽는 자도 없도다 우리가 살아도 주를 위하여 살고 죽어도 주를 위하여 죽나니 그러므로 사나 죽으나 우리가 주의 것이로라 로마서 14:7-8

For none of us lives to himself, and no one dies to himself. For if we live, we live to the Lord; and if we die, we die to the Lord. Therefore, whether we live or die, we are the Lord's. Romans 14:7-8

10월 9일

또한 모든 것을 해로 여김은 내 주 그리스도 예수를 아는 지식이 가장 고상하기 때문이라 내가 그를 위하여 모든 것을 잃어버리고 배설물로 여김은 그리스도를 얻고 그 안에서 발견되려 함이니 내가 가진 의는 율법에서 난 것이 아니요 오직 그리스도를 믿음으로 말미암은 것이니 곧 믿음으로 하나님께로부터 난 의라

빌립보서 3:8-9

Yet indeed I also count all things loss for the excellence of the knowledge of Christ Jesus my Lord, for whom I have suffered the loss of all things, and count them as rubbish, that I may gain Christ and be found in Him, not having my own righteousness, which is from the law, but that which is through faith in Christ, the righteousness which is from God by faith. Philippians 3:8-9

10월 10일

그러나 내게는 우리 주 예수 그리스도의 십자가 외에 결코 자랑할 것이 없으니 그리스도로 말미암아 세상이 나를 대하여 십자가에 못 박히고 내가 또한 세상을 대하여 그러하니라 갈라디아서 6:14

But God forbid that I should boast except in the cross of our Lord Jesus Christ, by whom the world has been crucified to me, and I to the world.

Galatians 6:14

그리스도께 합당한 사람

10월 11일

오직 너희의 심령이 새롭게 되어 하나님을 따라 의와
진리의 거룩함으로 지으심을 받은 새 사람을 입으라

에베소서 4:23-24

And be renewed in the spirit of your mind, and that
you put on the new man which was created
according to God, in true righteousness and
holiness. Ephesians 4:23-24

10월 12일

그런즉 누구든지 그리스도 안에 있으면 새로운 피조
물이라 이전 것은 지나갔으니 보라 새 것이 되었도다

고린도후서 5:17

Therefore, if anyone is in Christ, he is a new
creation; old things have passed away; behold, all
things have become new. 2 Corinthians 5:17

10월 13일

그러므로 사랑을 받는 자녀 같이 너희는 하나님을 본 받는 자가 되고 에베소서 5:1

Therefore be imitators of God as dear children.
Ephesians 5:1

10월 14일

그러므로 형제들아 내가 하나님의 모든 자비하심으로 너희를 권하노니 너희 몸을 하나님이 기뻐하시는 거룩한 산 제물로 드리라 이는 너희가 드릴 영적 예배니라 로마서 12:1

I beseech you therefore, brethren, by the mercies of God, that you present your bodies a living sacrifice, holy, acceptable to God, which is your reasonable service. Romans 12:1

10월 15일

새 사람을 입었으니 이는 자기를 창조하신 이의 형상
을 따라 지식에까지 새롭게 하심을 입은 자니라

골로새서 3:10

And have put on the new man who is renewed in
knowledge according to the image of Him who
created him. Colossians 3:10

10월 16일

평강의 하나님이 친히 너희를 온전히 거룩하게 하시
고 또 너희의 온 영과 혼과 몸이 우리 주 예수 그리스
도께서 강림하실 때에 흠 없게 보전되기를 원하노라

데살로니가전서 5:23

Now may the God of peace Himself sanctify you
completely; and may your whole spirit, soul, and
body be preserved blameless at the coming of our
Lord Jesus Christ. 1 Thessalonians 5:23

믿음의 사람

10월 17일

믿음은 바라는 것들의 실상이요 보이지 않는 것들의 증거니 선진들이 이로써 증거를 얻었느니라 믿음으로 모든 세계가 하나님의 말씀으로 지어진 줄을 우리가 아나니 보이는 것은 나타난 것으로 말미암아 된 것이 아니니라 히브리서 11:1-3

Now faith is the substance of things hoped for, the evidence of things not seen. For by it the elders obtained a good testimony. By faith we understand that the worlds were framed by the word of God, so that the things which are seen were not made of things which are visible. Hebrews 11:1-3

10월 18일

믿음이 없이는 하나님을 기쁘시게 하지 못하나니 하나님께 나아가는 자는 반드시 그가 계신 것과 또한 그가 자기를 찾는 자들에게 상 주시는 이심을 믿어야 할지니라 히브리서 11:6

But without faith it is impossible to please Him, for he who comes to God must believe that He is, and that He is a rewarder of those who diligently seek Him. Hebrews 11:6

10월 19일

또 약속하신 이는 미쁘시니 우리가 믿는 도리의 소망
을 움직이지 말며 굳게 잡고 히브리서 10:23

Let us hold fast the confession of our hope without
wavering, for He who promised is faithful.
Hebrews 10:23

10월 20일

이르시되 너희 믿음이 작은 까닭이니라 진실로 너희
에게 이르노니 만일 너희에게 믿음이 겨자씨 한 알
만큼만 있어도 이 산을 명하여 여기서 저기로 옮겨
지라 하면 옮겨질 것이요 또 너희가 못할 것이 없으
리라 마태복음 17:20

So Jesus said to them, "Because of your unbelief;
for assuredly, I say to you, if you have faith as a
mustard seed, you will say to this mountain, 'Move
from here to there,' and it will move; and nothing
will be impossible for you." Matthew 17:20

10월 21일

예수께서 이르시되 할 수 있거든이 무슨 말이냐 믿는
자에게는 능히 하지 못할 일이 없느니라 하시니

마가복음 9:23

Jesus said to him, "If you can believe, all things are
possible to him who believes." Mark 9:23

10월 22일

내가 진실로 진실로 너희에게 이르노니 나를 믿는 자
는 내가 하는 일을 그도 할 것이요 또한 그보다 큰
일도 하리니 이는 내가 아버지께로 감이라

요한복음 14:12

"Most assuredly, I say to you, he who believes in
Me, the works that I do he will do also; and greater
works than these he will do, because I go to My
Father." John 14:12

10월 23일

예수께서 대답하여 이르시되 내가 진실로 너희에게 이르노니 만일 너희가 믿음이 있고 의심하지 아니하면 이 무화과나무에게 된 이런 일만 할 뿐 아니라 이 산더러 들려 바다에 던져지라 하여도 될 것이요

마태복음 21:21

So Jesus answered and said to them, "Assuredly, I say to you, if you have faith and do not doubt, you will not only do what was done to the fig tree, but also if you say to this mountain, 'Be removed and be cast into the sea,' it will be done." Matthew 21:21

10월 24일

예수께서 이르시되 너는 나를 본 고로 믿느냐 보지 못하고 믿는 자들은 복되도다 하시니라 요한복음 20:29

Jesus said to him, "Thomas, because you have seen Me, you have believed. Blessed are those who have not seen and yet have believed." John 20:29

10월 25일

이르되 주 예수를 믿으라 그리하면 너와 네 집이 구원을 받으리라 하고 사도행전 16:31

So they said, "Believe on the Lord Jesus Christ, and you will be saved, you and your household."
Acts 16:31

10월 26일

복음에는 하나님의 의가 나타나서 믿음으로 믿음에 이르게 하나니 기록된 바 오직 의인은 믿음으로 말미암아 살리라 함과 같으니라 로마서 1:17

For in it the righteousness of God is revealed from faith to faith; as it is written, "The just shall live by faith." Romans 1:17

10월 27일

사람이 마음으로 믿어 의에 이르고 입으로 시인하여 구원에 이르느니라 로마서 10:10

For with the heart one believes unto righteousness, and with the mouth confession is made unto salvation. Romans 10:10

10월 28일

믿음이 없어 하나님의 약속을 의심하지 않고 믿음으로 견고하여져서 하나님께 영광을 돌리며 약속하신 그것을 또한 능히 이루실 줄을 확신하였으니

로마서 4:20-21

He did not waver at the promise of God through unbelief, but was strengthened in faith, giving glory to God, and being fully convinced that what He had promised He was also able to perform.

Romans 4:20-21

10월 29일

너희 믿음의 확실함은 불로 연단하여도 없어질 금보다 더 귀하여 예수 그리스도께서 나타나실 때에 칭찬과 영광과 존귀를 얻게 할 것이니라 베드로전서 1:7

That the genuineness of your faith, being much more precious than gold that perishes, though it is tested by fire, may be found to praise, honor, and glory at the revelation of Jesus Christ. 1 Peter 1:7

10월 30일

무릇 하나님께로부터 난 자마다 세상을 이기느니라
세상을 이기는 승리는 이것이니 우리의 믿음이니라

요한1서 5:4

For whatever is born of God overcomes the world.
And this is the victory that has overcome the
world— our faith. 1 John 5:4

10월 31일_ 종교개혁기념일

너희는 이 세대를 본받지 말고 오직 마음을 새롭게
함으로 변화를 받아 하나님의 선하시고 기뻐하시고
온전하신 뜻이 무엇인지 분별하도록 하라 로마서 12:2

And do not be conformed to this world, but be
transformed by the renewing of your mind, that you
may prove what is that good and acceptable and
perfect will of God. Romans 12:2

11월

November

그리스도의 마음을 소유한 사람

11월 1일

너희 안에 이 마음을 품으라 곧 그리스도 예수의 마음이니 빌립보서 2:5

Let this mind be in you which was also in Christ Jesus. Philippians 2:5

하나님의 뜻에 순종하는 사람

11월 2일

나의 하나님이여 내가 주의 뜻 행하기를 즐기오니 주의 법이 나의 심중에 있나이다 하였나이다 시편 40:8

"I delight to do Your will, O my God, And Your law is within my heart." Psalm 40:8

11월

11월 3일

누구든지 하늘에 계신 내 아버지의 뜻대로 하는 자가 내 형제요 자매요 어머니이니라 하시더라 마태복음 12:50

"For whoever does the will of My Father in heaven is My brother and sister and mother." Matthew 12:50

11월 4일

예수께서 이르시되 나의 양식은 나를 보내신 이의 뜻을 행하며 그의 일을 온전히 이루는 이것이니라

요한복음 4:34

Jesus said to them, "My food is to do the will of Him who sent Me, and to finish His work." John 4:34

11월 5일

야훼의 모든 길은 그의 언약과 증거를 지키는 자에게 인자와 진리로다 시편 25:10

All the paths of the LORD are mercy and truth, to such as keep His covenant and His testimonies.

Psalm 25:10

11월 6일

나를 사랑하고 내 계명을 지키는 자에게는 천 대까지
은혜를 베푸느니라 신명기 5:10

But showing mercy to thousands, to those who love
Me and keep My commandments. Deuteronomy 5:10

11월 7일

사무엘이 이르되 야훼께서 번제와 다른 제사를 그의
목소리를 청종하는 것을 좋아하심 같이 좋아하시겠니
이까 순종이 제사보다 낫고 듣는 것이 숫양의 기름보
다 나으니 사무엘상 15:22

So Samuel said: "Has the LORD as great delight in
burnt offerings and sacrifices, as in obeying the
voice of the LORD? Behold, to obey is better than
sacrifice, and to heed than the fat of rams."
1 Samuel 15:22

11월 8일

그런즉 너희는 이 언약의 말씀을 지켜 행하라 그리하면 너희가 하는 모든 일이 형통하리라 신명기 29:9

Therefore keep the words of this covenant, and do them, that you may prosper in all that you do.
Deuteronomy 29:9

11월 9일

네 하나님 야훼의 명령을 지켜 그 길로 행하여 그 법률과 계명과 율례와 증거를 모세의 율법에 기록된 대로 지키라 그리하면 네가 무엇을 하든지 어디로 가든지 형통할지라 열왕기상 2:3

And keep the charge of the LORD your God: to walk in His ways, to keep His statutes, His commandments, His judgments, and His testimonies, as it is written in the Law of Moses, that you may prosper in all that you do and wherever you turn. 1 Kings 2:3

11월 10일

만일 그들이 순종하여 섬기면 형통한 날을 보내며 즐거운 해를 지낼 것이요 욥기 36:11

If they obey and serve Him, they shall spend their days in prosperity, and their years in pleasures.
Job 36:11

11월 11일

오직 내가 이것을 그들에게 명령하여 이르기를 너희는 내 목소리를 들으라 그리하면 나는 너희 하나님이 되겠고 너희는 내 백성이 되리라 너희는 내가 명령한 모든 길로 걸어가라 그리하면 복을 받으리라 하였으나 예레미야 7:23

But this is what I commanded them, saying, 'Obey My voice, and I will be your God, and you shall be My people. And walk in all the ways that I have commanded you, that it may be well with you.'
Jeremiah 7:23

11월 12일

계명을 지키는 자는 자기의 영혼을 지키거니와 자기의 행실을 삼가지 아니하는 자는 죽으리라 잠언 19:16

He who keeps the commandment keeps his soul, but he who is careless of his ways will die.
Proverbs 19:16

11월 13일

그러므로 누구든지 이 계명 중의 지극히 작은 것 하나라도 버리고 또 그같이 사람을 가르치는 자는 천국에서 지극히 작다 일컬음을 받을 것이요 누구든지 이를 행하며 가르치는 자는 천국에서 크다 일컬음을 받으리라 마태복음 5:19

Whoever therefore breaks one of the least of these commandments, and teaches men so, shall be called least in the kingdom of heaven; but whoever does and teaches them, he shall be called great in the kingdom of heaven. Matthew 5:19

11월 14일

나더러 주여 주여 하는 자마다 다 천국에 들어갈 것
이 아니요 다만 하늘에 계신 내 아버지의 뜻대로 행
하는 자라야 들어가리라 마태복음 7:21

"Not everyone who says to Me, 'Lord, Lord,' shall
enter the kingdom of heaven, but he who does the
will of My Father in heaven." Matthew 7:21

11월 15일

그러므로 누구든지 나의 이 말을 듣고 행하는 자는
그 집을 반석 위에 지은 지혜로운 사람 같으리니 비
가 내리고 창수가 나고 바람이 불어 그 집에 부딪치
되 무너지지 아니하나니 이는 주추를 반석 위에 놓은
까닭이요 마태복음 7:24-25

"Therefore whoever hears these sayings of Mine,
and does them, I will liken him to a wise man who
built his house on the rock: and the rain descended,
the floods came, and the winds blew and beat on
that house; and it did not fall, for it was founded on
the rock." Matthew 7:24-25

11월 **16**일

예수께서 이르시되 오히려 하나님의 말씀을 듣고 지키는 자가 복이 있느니라 하시니라 누가복음 11:28

But He said, "More than that, blessed are those who hear the word of God and keep it!" Luke 11:28

11월 **17**일

예수께서 대답하여 이르시되 사람이 나를 사랑하면 내 말을 지키리니 내 아버지께서 그를 사랑하실 것이요 우리가 그에게 가서 거처를 그와 함께 하리라

요한복음 14:23

Jesus answered and said to him, "If anyone loves Me, he will keep My word; and My Father will love him, and We will come to him and make Our home with him." John 14:23

11월 18일 _ 추수감사절

감사로 제사를 드리는 자가 나를 영화롭게 하나니 그
의 행위를 옳게 하는 자에게 내가 하나님의 구원을
보이리라 시편 50:23

"Whoever offers praise glorifies Me; and to him
who orders his conduct aright I will show the
salvation of God." Psalm 50:23

11월 19일

너희는 내게 배우고 받고 듣고 본 바를 행하라 그리
하면 평강의 하나님이 너희와 함께 계시리라

빌립보서 4:9

The things which you learned and received and
heard and saw in me, these do, and the God of
peace will be with you. Philippians 4:9

11월 20일

무엇이든지 구하는 바를 그에게서 받나니 이는 우리
가 그의 계명을 지키고 그 앞에서 기뻐하시는 것을
행함이라 요한1서 3:22

And whatever we ask we receive from Him, because
we keep His commandments and do those things
that are pleasing in His sight. 1 John 3:22

11월 21일

행위가 온전하여 야훼의 율법을 따라 행하는 자들은
복이 있음이여 야훼의 증거들을 지키고 전심으로 야
훼를 구하는 자는 복이 있도다 시편 119:1-2

Blessed are the undefiled in the way, who walk in
the law of the LORD! Blessed are those who keep
His testimonies, who seek Him with the whole
heart! Psalm 119:1-2

11월 22일

이 세상도, 그 정욕도 지나가되 오직 하나님의 뜻을
행하는 자는 영원히 거하느니라 요한1서 2:17

And the world is passing away, and the lust of it;
but he who does the will of God abides forever.
1 John 2:17

하나님의 능력을 힘입은 사람

11월 23일

> 하나님이여 위엄을 성소에서 나타내시나이다 이스라엘의 하나님은 그의 백성에게 힘과 능력을 주시나니 하나님을 찬송할지어다 시편 68:35
>
> O God, You are more awesome than Your holy places. The God of Israel is He who gives strength and power to His people. Blessed be God!
> Psalm 68:35

11월 24일

> 내가 산을 향하여 눈을 들리라 나의 도움이 어디서 올까 나의 도움은 천지를 지으신 야훼에게서로다
> 시편 121:1-2
>
> I will lift up my eyes to the hills-- from whence comes my help? My help comes from the LORD, who made heaven and earth. Psalm 121:1-2

11월 25일

오직 야훼를 앙망하는 자는 새 힘을 얻으리니 독수리가 날개치며 올라감 같을 것이요 달음박질하여도 곤비하지 아니하겠고 걸어가도 피곤하지 아니하리로다

이사야 40:31

But those who wait on the LORD shall renew their strength; they shall mount up with wings like eagles, they shall run and not be weary, they shall walk and not faint. Isaiah 40:31

11월 26일

두려워하지 말라 내가 너와 함께 함이라 놀라지 말라 나는 네 하나님이 됨이라 내가 너를 굳세게 하리라 참으로 너를 도와 주리라 참으로 나의 의로운 오른손으로 너를 붙들리라 이사야 41:10

'Fear not, for I am with you; be not dismayed, for I am your God. I will strengthen you, Yes, I will help you, I will uphold you with My righteous right hand.' Isaiah 41:10

11월 27일

우리 가운데서 역사하시는 능력대로 우리가 구하거나 생각하는 모든 것에 더 넘치도록 능히 하실 이에게 교회 안에서와 그리스도 예수 안에서 영광이 대대로 영원무궁하기를 원하노라 아멘 에베소서 3:20-21

Now to Him who is able to do exceedingly abundantly above all that we ask or think, according to the power that works in us, to Him be glory in the church by Christ Jesus to all generations, forever and ever. Amen. Ephesians 3:20-21

11월 28일

내게 능력 주시는 자 안에서 내가 모든 것을 할 수 있느니라 빌립보서 4:13

I can do all things through Christ who strengthens me. Philippians 4:13

11 월

11월 29일

야훼는 나의 반석이시요 나의 요새시요 나를 건지시
는 이시요 나의 하나님이시요 내가 그 안에 피할 나
의 바위시요 나의 방패시요 나의 구원의 뿔이시요 나
의 산성이시로다 시편 18:2

The LORD is my rock and my fortress and my
deliverer; my God, my strength, in whom I will
trust; my shield and the horn of my salvation, my
stronghold. Psalm 18:2

11월 30일

그의 영광의 힘을 따라 모든 능력으로 능하게 하시며
기쁨으로 모든 견딤과 오래 참음에 이르게 하시고

골로새서 1:11

Strengthened with all might, according to His
glorious power, for all patience and longsuffering
with joy. Colossians 1:11

chapter 07

오실 그리스도를 기다림

Waiting for the Second Coming of Christ

12월

대강절 및 성탄절 묵상_
예수님에 대한 예언과 탄생

12월 1일

내가 그들의 형제 중에서 너와 같은 선지자 하나를 그들을 위하여 일으키고 내 말을 그 입에 두리니 내가 그에게 명령하는 것을 그가 무리에게 다 말하리라 신명기 18:18

I will raise up for them a Prophet like you from among their brethren, and will put My words in His mouth, and He shall speak to them all that I command Him. Deuteronomy 18:18

12월 2일

보라 처녀가 잉태하여 아들을 낳을 것이요 그의 이름은 임마누엘이라 하리라 하셨으니 이를 번역한즉 하나님이 우리와 함께 계시다 함이라 마태복음 1:23

"Behold, the virgin shall be with child, and bear a Son, and they shall call His name Immanuel," which is translated, "God with us." Matthew 1:23

12월 3일

여자가 이르되 메시야 곧 그리스도라 하는 이가 오실 줄을 내가 아노니 그가 오시면 모든 것을 우리에게 알려 주시리이다 요한복음 4:25

The woman said to Him, "I know that Messiah is coming" (who is called Christ). "When He comes, He will tell us all things." John 4:25

12월 4일

보라 야훼의 크고 두려운 날이 이르기 전에 내가 선지자 엘리야를 너희에게 보내리니 그가 아버지의 마음을 자녀에게로 돌이키게 하고 자녀들의 마음을 그들의 아버지에게로 돌이키게 하리라 말라기 4:5-6a

Behold, I will send you Elijah the prophet before the coming of the great and dreadful day of the LORD. And he will turn the hearts of the fathers to the children, and the hearts of the children to their fathers. Malachi 4:5-6a

12 _월

12월 5일

이는 한 아기가 우리에게 났고 한 아들을 우리에게 주신 바 되었는데 그의 어깨에는 정사를 메었고 그의 이름은 기묘자라, 모사라, 전능하신 하나님이라, 영존하시는 아버지라, 평강의 왕이라 할 것임이라

이사야 9:6

For unto us a Child is born, unto us a Son is given; and the government will be upon His shoulder. And His name will be called Wonderful, Counselor, Mighty God, Everlasting Father, Prince of Peace. Isaiah 9:6

12월 6일

때가 차매 하나님이 그 아들을 보내사 여자에게서 나게 하시고 율법 아래에 나게 하신 것은 율법 아래에 있는 자들을 속량하시고 우리로 아들의 명분을 얻게 하려 하심이라 갈라디아서 4:4-5

But when the fullness of the time had come, God sent forth His Son, born of a woman, born under the law, to redeem those who were under the law, that we might receive the adoption as sons. Galatians 4:4-5

12월 7일

그 정사와 평강의 더함이 무궁하며 또 다윗의 왕좌
와 그의 나라에 군림하여 그 나라를 굳게 세우고
지금 이후로 영원히 정의와 공의로 그것을 보존하
실 것이라 만군의 야훼의 열심이 이를 이루시리라
이사야 9:7

Of the increase of His government and peace
there will be no end, upon the throne of David
and over His kingdom, to order it and establish it
with judgment and justice from that time forward,
even forever. The zeal of the Lord of hosts will
perform this. Isaiah 9:7

12월 8일

베들레헴 에브라다야 너는 유다 족속 중에 작을지라
도 이스라엘을 다스릴 자가 네게서 내게로 나올 것
이라 그의 근본은 상고에, 영원에 있느니라 미가 5:2

"But you, Bethlehem Ephrathah, though you are
little among the thousands of Judah, yet out of
you shall come forth to Me the One to be Ruler in
Israel, whose goings forth are from of old, from
everlasting." Micah 5:2

12월

12월 9일

이새의 줄기에서 한 싹이 나며 그 뿌리에서 한 가지가 나서 결실할 것이요 그의 위에 야훼의 영 곧 지혜와 총명의 영이요 모략과 재능의 영이요 지식과 야훼를 경외하는 영이 강림하시리니 이사야 11:1-2

There shall come forth a Rod from the stem of Jesse, and a Branch shall grow out of his roots. The Spirit of the LORD shall rest upon Him, the Spirit of wisdom and understanding, the Spirit of counsel and might, the Spirit of knowledge and of the fear of the LORD. Isaiah 11:1-2

12월 10일

예수 그리스도의 나심은 이러하니라 그의 어머니 마리아가 요셉과 약혼하고 동거하기 전에 성령으로 잉태된 것이 나타났더니 마태복음 1:18

Now the birth of Jesus Christ was as follows: After His mother Mary was betrothed to Joseph, before they came together, she was found with child of the Holy Spirit. Matthew 1:18

December*

12월 11일

이 일을 생각할 때에 주의 사자가 현몽하여 이르되 다윗의 자손 요셉아 네 아내 마리아 데려오기를 무서워하지 말라 그에게 잉태된 자는 성령으로 된 것이라 마태복음 1:20

But while he thought about these things, behold, an angel of the Lord appeared to him in a dream, saying, "Joseph, son of David, do not be afraid to take to you Mary your wife, for that which is conceived in her is of the Holy Spirit." Matthew 1:20

12월 12일

아들을 낳으리니 이름을 예수라 하라 이는 그가 자기 백성을 그들의 죄에서 구원할 자이심이라 하니라 마태복음 1:21

"And she will bring forth a Son, and you shall call His name JESUS, for He will save His people from their sins." Matthew 1:21

12월 13일

자녀들은 혈과 육에 속하였으매 그도 또한 같은 모양으로 혈과 육을 함께 지니심은 죽음을 통하여 죽음의 세력을 잡은 자 곧 마귀를 멸하시며 또 죽기를 무서워하므로 한평생 매여 종 노릇 하는 모든 자들을 놓아 주려 하심이니 히브리서 2:14-15

Inasmuch then as the children have partaken of flesh and blood, He Himself likewise shared in the same, that through death He might destroy him who had the power of death, that is, the devil, and release those who through fear of death were all their lifetime subject to bondage. Hebrews 2:14-15

12월 14일

또 유대 땅 베들레헴아 너는 유대 고을 중에서 가장 작지 아니하도다 네게서 한 다스리는 자가 나와서 내 백성 이스라엘의 목자가 되리라 하였음이니이다 마태복음 2:6

"But you, Bethlehem, in the land of Judah, are not the least among the rulers of Judah; for out of you shall come a Ruler who will shepherd My people Israel.'" Matthew 2:6

12월 15일

집에 들어가 아기와 그의 어머니 마리아가 함께 있
는 것을 보고 엎드려 아기께 경배하고 보배합을 열
어 황금과 유향과 몰약을 예물로 드리니라

마태복음 2:11

And when they had come into the house, they
saw the young Child with Mary His mother, and
fell down and worshiped Him. And when they
had opened their treasures, they presented gifts to
Him: gold, frankincense, and myrrh. Matthew 2:11

12월 16일

빌라도가 이르되 그러면 네가 왕이 아니냐 예수께
서 대답하시되 네 말과 같이 내가 왕이니라 내가
이를 위하여 태어났으며 이를 위하여 세상에 왔나
니 곧 진리에 대하여 증언하려 함이로라 무릇 진리
에 속한 자는 내 음성을 듣느니라 하신대

요한복음 18:37

Pilate therefore said to Him, "Are You a king
then?" Jesus answered, "You say rightly that I am
a king. For this cause I was born, and for this
cause I have come into the world, that I should
bear witness to the truth. Everyone who is of the
truth hears My voice." John 18:37

12 _월

12월 17일

보라 네가 잉태하여 아들을 낳으리니 그 이름을 예수라 하라 그가 큰 자가 되고 지극히 높으신 이의 아들이라 일컬어질 것이요 주 하나님께서 그 조상 다윗의 왕위를 그에게 주시리니 영원히 야곱의 집을 왕으로 다스리실 것이며 그 나라가 무궁하리라

누가복음 1:31-33

"And behold, you will conceive in your womb and bring forth a Son, and shall call His name JESUS. He will be great, and will be called the Son of the Highest; and the Lord God will give Him the throne of His father David. And He will reign over the house of Jacob forever, and of His kingdom there will be no end." Luke 1:31-33

12월 18일

천사가 대답하여 이르되 성령이 네게 임하시고 지극히 높으신 이의 능력이 너를 덮으시리니 이러므로 나실 바 거룩한 이는 하나님의 아들이라 일컬어지리라 누가복음 1:35

And the angel answered and said to her, "The Holy Spirit will come upon you, and the power of the Highest will overshadow you; therefore, also, that Holy One who is to be born will be called the Son of God." Luke 1:35

December *

12월 19일

찬송하리로다 주 이스라엘의 하나님이여 그 백성을
돌보사 속량하시며 우리를 위하여 구원의 뿔을 그
종 다윗의 집에 일으키셨으니 누가복음 1:68-69

"Blessed is the Lord God of Israel, for He has
visited and redeemed His people, and has raised
up a horn of salvation for us in the house of His
servant David." Luke 1:68-69

12월 20일

이는 우리 하나님의 긍휼로 인함이라 이로써 돋는
해가 위로부터 우리에게 임하여 어둠과 죽음의 그
늘에 앉은 자에게 비치고 우리 발을 평강의 길로
인도하시리로다 하니라 누가복음 1:78-79

"Through the tender mercy of our God, with
which the Dayspring from on high has visited us;
to give light to those who sit in darkness and the
shadow of death, to guide our feet into the way
of peace." Luke 1:78-79

12 월

12월 21일

12월 22일

12월 23일

홀연히 수많은 천군이 그 천사들과 함께 하나님을 찬송하여 이르되 지극히 높은 곳에서는 하나님께 영광이요 땅에서는 하나님이 기뻐하신 사람들 중에 평화로다 하니라 누가복음 2:13-14

And suddenly there was with the angel a multitude of the heavenly host praising God and saying: "Glory to God in the highest, and on earth peace, goodwill toward men!" Luke 2:13-14

12월 24일

시므온이 아기를 안고 하나님을 찬송하여 이르되 주재여 이제는 말씀하신 대로 종을 평안히 놓아 주시는도다 내 눈이 주의 구원을 보았사오니 이는 만민 앞에 예비하신 것이요 이방을 비추는 빛이요 주의 백성 이스라엘의 영광이니이다 하니
누가복음 2:28-32

He took Him up in his arms and blessed God and said: "Lord, now You are letting Your servant depart in peace, according to Your word; for my eyes have seen Your salvation which You have prepared before the face of all peoples, a light to bring revelation to the Gentiles, And the glory of Your people Israel." Luke 2:28-32

12 _월

12월 25일 _ 성탄절

말씀이 육신이 되어 우리 가운데 거하시매 우리가 그의 영광을 보니 아버지의 독생자의 영광이요 은혜와 진리가 충만하더라 요한복음 1:14

And the Word became flesh and dwelt among us, and we beheld His glory, the glory as of the only begotten of the Father, full of grace and truth. John 1:14

12월 26일

예수는 지혜와 키가 자라가며 하나님과 사람에게 더욱 사랑스러워 가시더라 누가복음 2:52

And Jesus increased in wisdom and stature, and in favor with God and men. Luke 2:52

예수님 묵상

12월 27일

예수 그리스도는 어제나 오늘이나 영원토록 동일하시니라 히브리서 13:8

Jesus Christ is the same yesterday, today, and forever. Hebrews 13:8

12월 28일

그러므로 함께 하늘의 부르심을 받은 거룩한 형제들아 우리가 믿는 도리의 사도이시며 대제사장이신 예수를 깊이 생각하라 히브리서 3:1

Therefore, holy brethren, partakers of the heavenly calling, consider the Apostle and High Priest of our confession, Christ Jesus. Hebrews 3:1

12 월

12월 29일

그러므로 우리에게 큰 대제사장이 계시니 승천하신 이 곧 하나님의 아들 예수시라 우리가 믿는 도리를 굳게 잡을지어다 히브리서 4:14

Seeing then that we have a great High Priest who has passed through the heavens, Jesus the Son of God, let us hold fast our confession. Hebrews 4:14

12월 30일

예수는 영원히 계시므로 그 제사장 직분도 갈리지 아니하느니라 그러므로 자기를 힘입어 하나님께 나아가는 자들을 온전히 구원하실 수 있으니 이는 그가 항상 살아 계셔서 그들을 위하여 간구하심이라 히브리서 7:24-25

But He, because He continues forever, has an unchangeable priesthood. Therefore He is also able to save to the uttermost those who come to God through Him, since He always lives to make intercession for them. Hebrews 7:24-25

12월 31일 _ 송구영신

형제들아 나는 아직 내가 잡은 줄로 여기지 아니하고 오직 한 일 즉 뒤에 있는 것은 잊어버리고 앞에 있는 것을 잡으려고 푯대를 향하여 그리스도 예수 안에서 하나님이 위에서 부르신 부름의 상을 위하여 달려가노라 빌립보서 3:13-14

Brethren, I do not count myself to have apprehended; but one thing I do, forgetting those things which are behind and reaching forward to those things which are ahead, I press toward the goal for the prize of the upward call of God in Christ Jesus. Philippians 3:13-14

memo.

memo.

memo.

memo.

365일 작은 예수 말씀 암송집

초판 1쇄 발행 2011년 9월 30일

엮은이 이영훈
펴낸곳 교회성장연구소
편집인 이장석
편집장 신성준
기획 및 편집 백지희 노인영 신민희
디자인 박진실
마케팅 팀장 이승조
마케팅 이대성

등록번호 제12-177호
주 소 서울특별시 영등포구 은행로 59, 나동 8층(여의도동)
전 화 02-2036-7935
팩 스 02-2036-7910
웹사이트 www.pastor21.net

ISBN 978-89-8304-167-8 03230
※ 책 가격은 뒤표지에 있습니다.
※ 잘못 만들어진 책은 바꿔 드립니다.